Spanish for Communication

Third Edition

Ana C. Jarvis
Chandler-Gilbert Community College

Raquel Lebredo
California Baptist College

D. C. Heath and Company
Lexington, Massachusetts   Toronto

Cover photograph:
Robert Frerck/Odyssey Productions

Published simultaneously in Canada

Printed in the United States of America

International Standard Book Number: 0–669–12245–9

Spanish for Communication, Third Edition, provides students with practical vocabulary for functioning in everyday situations either with Spanish-speaking people in the United States or while traveling or living in a Spanish-speaking country.

It is designed to be used with *Basic Spanish Grammar,* Third Edition, as an introductory Spanish program for two-semester courses or one-semester intensive courses. Each lesson of *Basic Spanish Grammar* presents pertinent grammar explanations while the corresponding lesson in *Spanish for Communication,* Third Edition, provides the practical application of those structures.

The following are important changes and additions to the Third Edition:

- Many of the dialogues have been revised. New topics such as classroom activities, weekend plans, searching for an apartment have been included in some, while others have been updated to reflect more contemporary and practical everyday situations.

- The vocabulary has been modified to reflect changes in the dialogues. It has also, in some cases, been expanded to provide students with a wider variety of terms suitable for each situation.

- A great number of the exercises have also been revised and changed. A new exercise section entitled "¿Cuál es la respuesta?" has been created to provide students with vocabulary practice immediately after the main vocabulary section.

- An appendix entitled "Spanish Pronunciation" has been added. This section not only outlines the basic rules and principles governing Spanish pronunciation, but also provides students with helpful suggestions on how to improve their own pronunciation.

- An *Instructor's Manual/Test Guide* has been created. The *Instructor's Manual* contains practical suggestions for organizing the course and for different types of classroom activities. The *Test Guide* provides a sample lesson quiz and two final exams covering lessons 1–10 and lessons 11–20 respectively.

The format for each lesson in *Spanish for Communication,* Third Edition, is as follows:

1. The dialogue and its English equivalent
2. New vocabulary
3. ¿CUÁL ES LA RESPUESTA?, an activity that helps students internalize the new vocabulary
4. ¡VAMOS A CONVERSAR!
   A. Questions to test comprehension of the dialogue
   B. Personalized questions using the new structures and vocabulary
5. ¿QUÉ DICE...?, a dialogue-completion exercise
6. ¿QUÉ PASA AQUÍ?, an illustrated exercise in which the students answer questions about the specific characters, actions, and situations shown in a drawing
7. SITUACIONES, an activity in which the students are asked what they would say in certain everyday situations

8. Y AHORA, ¿QUÉ?, an exercise that gives the students a chance to work with a partner in role-playing situations similar to those in the dialogue

9. UNA ACTIVIDAD, a class activity involving the entire class, in which the classroom "becomes" a part of the outside world where the action takes place (e.g., a hotel, a restaurant, a travel agency, and so on).

In addition, *Spanish for Communication*, Third Edition, provides the following learning aids:

- A vocabulary review section after every five lessons
- Spanish-English and English-Spanish end vocabularies
- An audio program on cassettes containing the dialogues recorded with pauses for repetition and vocabulary practice exercises.

Spanish for Communication, Third Edition, marks a departure from conventional textbooks. All elements necessary for functioning in daily life—high-frequency vocabulary, realistic dialogues and practical situations—are fully integrated with their corresponding grammar foundation in *Basic Spanish Grammar*, Third Edition.

The authors would like to express their gratitude to the editorial staff of D. C. Heath and Company for its assistance and encouragement during the preparation of this program.

Ana C. Jarvis
Raquel Lebredo

CONTENTS

Lesson 1

El primer día de clases *1*

Lesson 2

En la oficina de turismo *9*

Lesson 3

¡Feliz cumpleaños! *17*

Lesson 4

En el hotel *27*

Lesson 5

Un cuarto para dos *35*

Vocabulary Review: Lessons 1–5 *45*

Lesson 6

En un agencia de viajes en México *49*

Lesson 7

¡A Buenos Aires! *59*

Lesson 8

En la peluquería y en la barbería *69*

Lesson 9

Marta va de compras *79*

Lesson 10

Los López están muy ocupados *93*

Vocabulary Review: Lessons 6–10 *103*

Lesson 11

¿Qué necesitamos...?   *109*

Lesson 12

¡Qué mala suerte!   *119*

Lesson 13

Al volante   *131*

Lesson 14

Viajando por tren   *141*

Lesson 15

¿Qué hacemos este fin de semana?   *153*

Vocabulary Review: Lessons 11–15   *163*

Lesson 16

Buscando piso   *167*

Lesson 17

En la sala de emergencia   *177*

Lesson 18

¡A trabajar!   *189*

Lesson 19

Marta va al médico   *201*

Lesson 20

¿Quién invita...?   *211*

Vocabulary Review: Lessons 16–20   *223*
Appendix: Spanish Pronunciation   *227*
Spanish-English Vocabulary   *237*
English-Spanish Vocabulary   *249*
Answer Key to the "Crucigramas"   *259*

Lesson 1

El primer día de clases

Dos estudiantes conversan en la clase.

LUPE —Hola, Roberto. ¿Qué tal?
ROBERTO —Muy bien. ¿Qué hay de nuevo?
LUPE —Nada. ¿Qué clases tomas este semestre?
ROBERTO —Tomo administración de negocios, ciencias económicas y contabilidad.
LUPE —¿No tomas matemáticas?
ROBERTO —Este semestre no.

Dos chicas conversan en la cafetería.

CARMEN —¿Qué deseas comer?[1]
TERESA —Pollo y ensalada. ¿Y tú?
CARMEN —Un sándwich de jamón y queso... y fruta.
TERESA —¿Deseas tomar café, té o refresco?
CARMEN —Una taza de café con crema y azúcar.
TERESA —Yo pago. (*A la cajera*) ¿Cuánto es?
CAJERA —Seis dólares, cincuenta centavos.

En la residencia universitaria.

RODOLFO —¿Tú trabajas[2] mañana?
MARIO —Sí, trabajo en el laboratorio de lenguas.
RODOLFO —¿No trabajas en la biblioteca?
MARIO —Sí, pero sólo los martes y jueves.
RODOLFO —¿Estudiamos español esta noche?
MARIO —Sí, porque yo necesito practicar mucho.

*   *   *

The First Day of Classes

Two students talk in the classroom:

LUPE: Hi, Roberto. How is it going?
ROBERTO: Just fine. What's new?
LUPE: Nothing (much). What classes are you taking this semester?
ROBERTO: I'm taking business administration, economics, and accounting.
LUPE: Aren't you taking mathematics?
ROBERTO: Not this semester.

[1]In Spanish, as in English, when two verbs are used together the second one is in the infinitive.
[2]The present indicative is used here to express near future.

1

Two girls talk in the cafeteria:

CARMEN: What do you want to eat?
TERESA: Chicken and a salad. And you?
CARMEN: A ham and cheese sandwich . . . and fruit.
TERESA: Do you want to drink coffee, tea, or (a) pop?
CARMEN: A cup of coffee with cream and sugar.
TERESA: My treat (I'm paying). (*To the cashier*) How much is it?
CASHIER: Six dollars, fifty cents.

At the dormitory:

RODOLFO: Are you working tomorrow?
MARIO: Yes, I'm working in the language lab.
RODOLFO: Don't you work in the library?
MARIO: Yes, but only on Tuesdays and Thursdays.
RODOLFO: Are we studying Spanish tonight?
MARIO: Yes, because I need to practice a lot.

VOCABULARIO

COGNATES

la **cafetería** cafeteria
la **clase** classroom, class
la **crema** cream

el **dólar** dollar
el (la) **estudiante** student
las **matemáticas** mathematics

NOUNS

la **administración de negocios** business
   administration
el **azúcar** sugar
la **biblioteca** library
el (la) **cajero(a)** cashier
el **centavo** cent, penny
las **ciencias económicas** economics
la **contabilidad** accounting
la **ensalada** salad
el **jamón** ham
el **laboratorio de lenguas** language lab
el **pollo** chicken
el **queso** cheese
el **refresco** soda pop
la **residencia universitaria** dormitory
la **taza** cup
el **té** tea

VERBS

comer[1] to eat
desear to want, to wish
pagar to pay

practicar to practice
tomar to take, to drink

OTHER WORDS AND EXPRESSIONS

¿cuánto(a)? how much?
¿cuánto es? how much is it?
el primer día de clase the first day of class
en in, at
esta noche tonight
este semestre this semester
hola hello, hi
mañana tomorrow
mucho a lot, much
nada nothing
pero but
porque because
¿qué? what?
¿qué hay de nuevo? what's new?
¿qué tal? how is it going?
sándwich de jamón y queso ham and cheese
   sandwich
sólo only
varios(as) several

---

[1]**Comer** is conjugated in Lesson 2.

2

¿CUÁL ES LA RESPUESTA? (*What is the answer?*)

Match the questions in column A with the answers in column B.

A		B	
1.	¿Qué tal? ¿Qué hay de nuevo?	...... a.	No, sólo los sábados.
2.	¿Qué deseas comer?	...... b.	Veinte dólares.
3.	¿Cuánto es?	...... c.	No, de queso.
4.	¿Qué clases tomas este semestre?	...... d.	Nada.
5.	¿Estudiamos esta noche?	...... e.	No, nosotros.
6.	¿Tú trabajas en la biblioteca?	...... f.	Sí, mucho.
7.	¿Trabajas los lunes y jueves?	...... g.	Pollo y ensalada.
8.	¿Necesitas practicar?	...... h.	Contabilidad y administración de negocios.
9.	¿Deseas un sándwich de jamón?	...... i.	No, en el laboratorio de lenguas.
10.	¿Pagan ellos?	...... j.	No, mañana.

¡VAMOS A CONVERSAR!

A. Answer the following questions about the dialogue. Use complete sentences.

1. ¿Qué clases toma Roberto este semestre?

....

2. ¿Toma matemáticas?

....

3. ¿Qué desea comer Teresa?

....

4. ¿Qué desea Carmen?

....

5. ¿Qué toma Carmen?

....

6. ¿Paga Teresa o paga Carmen?

....

7. ¿Cuánto es?

    ....

8. ¿Mario trabaja en el laboratorio de lenguas mañana?

    ....

9. ¿Qué días trabaja Mario en la biblioteca?

    ....

10. ¿Estudian Mario y Rodolfo esta noche?

    ....

B. Now answer the following personal questions:

1. ¿Qué hay de nuevo?

    ....

2. ¿Toma Ud. matemáticas este semestre?

    ....

3. ¿Trabaja Ud. mañana?

    ....

4. ¿Qué días trabaja Ud.?

    ....

5. ¿Necesita Ud. practicar el español?

    ....

6. ¿Qué desea comer?

    ....

7. ¿Desea Ud. tomar té, café o un refresco?

    ....

8. ¿Toma Ud. el café con crema y azúcar?

    ....

¿QUÉ DICE...? (*What is he (she) saying...?*)

We can hear what Roberto is saying, but we can't hear Susana. Provide her side of the conversation.

SUSANA —...

ALBERTO —Tomo contabilidad, administración de negocios y matemáticas.

SUSANA —...

ALBERTO —No, no trabajo en la biblioteca; trabajo en el laboratorio de lenguas.

SUSANA —...

ALBERTO —Trabajo los lunes, miércoles y jueves.

SUSANA —...

ALBERTO —No, gracias. Yo no tomo café.

SUSANA —...

ALBERTO —No, esta noche no trabajo.

¿QUÉ PASA AQUÍ? (*What is happening here?*)

What is going on? What are the people in the picture on page 6 doing and saying? Can you tell us?

1. ¿Qué día es hoy?

   ....

2. ¿Con quién habla la cajera?

   ....

3. ¿Cuánto paga Luis?

   ....

4. ¿Qué clase toma Eva?

   ....

5. ¿Qué toma el profesor?

   ....

6. ¿Juan trabaja en el laboratorio de lenguas?

   ....

7. ¿Qué día no trabaja Juan?

   ....

8. ¿Cuánto dinero necesita Ana?

   ....

9. ¿Qué desea comer José?

   ....

10. ¿Elba desea comer pollo?

   ....

11. ¿Qué desea comer Elba?

....

12. ¿Qué toma Elba?

....

SITUACIONES (*Situations*)

What would you say in the following situations?

1. You want to greet a friend and ask him (her) what's new.
2. Tell someone what you want to eat. You are very hungry.
3. Ask someone what he (she) wants to drink. Offer some choices.
4. State that you're paying and ask how much it is.
5. Tell someone on what days you work.

Y AHORA, ¿QUÉ? (*And now, what?*)

Act out the following situation with a classmate.

At the cafeteria, two students discuss what they want to eat and drink, what classes they are taking, and when they work.

Lesson 2

En la oficina de turismo

Unos turistas llegan a Madrid y solicitan información. En estos momentos están en la oficina de turismo, en el aeropuerto de Barajas.

Con una señora mexicana:

EMPLEADO —¿En qué puedo servirle, señora?
SEÑORA —¿Dónde queda el Hotel Recoletos?
EMPLEADO —En la Avenida Recoletos. Debe tomar el ómnibus número cuatro.
SEÑORA —Muchas gracias.

La señora espera el ómnibus en la esquina.

Con un señor argentino:

SEÑOR —¿Dónde venden mapas de Madrid, señor?
EMPLEADO —En los puestos de revistas.
SEÑOR —¿Venden también guías para turistas?
EMPLEADO —Aquí tiene una y también una lista de lugares de interés.
SEÑOR —¿Cuánto es?
EMPLEADO —Son gratis. ¿Algo más?
SEÑOR —No, gracias.

El señor decide ir a un restaurante para comer y beber algo.

Con dos muchachos chilenos:

JORGE —¿Dónde venden tarjetas postales y estampillas?
EMPLEADO —En el primer piso a la derecha.
RAÚL —Necesito cambiar dinero. ¿Dónde queda la oficina de cambios?
EMPLEADO —A la izquierda.
JORGE —¿El centro queda cerca de aquí?
EMPLEADO —No, queda lejos. Debe tomar un ómnibus o un taxi.

Jorge sube al primer piso[1] para comprar las tarjetas postales. Raúl cambia pesos chilenos[2] por pesetas[3] y después espera a Jorge en la puerta.

---

[1]**primer piso** is the equivalent of the second floor in the U.S. The equivalent of the first floor is **planta baja.**
[2]Chilean currency
[3]Spanish currency

At the tourist office

Some tourists arrive in Madrid and request information. At this moment, they are in the tourist office at the Barajas Airport.

With a Mexican lady:

EMPLOYEE: What can I do for you, ma'am?
LADY: Where is the "Recoletos Hotel" located?
EMPLOYEE: On Recoletos Avenue. You must take bus number four.
LADY: Thank you very much.

The lady waits for the bus at the corner.

With an Argentinian gentleman:

GENTLEMAN: Sir, where are maps of Madrid sold?
EMPLOYEE: At the magazine stands.
GENTLEMAN: Do they also sell tourist guides?
EMPLOYEE: Here's one, and also a list of places of interest.
GENTLEMAN: How much is it?
EMPLOYEE: They are free.

The gentleman decides to go to a restaurant to have something to eat and drink.

With two Chilean young men:

JORGE: Where are postcards and stamps sold?
EMPLOYEE: On the first floor, to the right.
RAÚL: I need to exchange money. Where is the money exchange office?
EMPLOYEE: To the left.
JORGE: Is the downtown area near here?
EMPLOYEE: No, it's (located) far away. You must take a taxi.

Jorge goes up to the first floor to buy the postcards. Raúl exchanges Chilean pesos for pesetas and afterwards waits for Jorge at the door.

VOCABULARIO

COGNATES

la **información**	information	la **oficina**	office
el **hotel**	hotel	el **restaurante**	restaurant
la **lista**	list	el **taxi**	taxi
el **mapa**	map	el (la) **turista**[1]	tourist

NOUNS

el **aeropuerto** airport
la **avenida** avenue
el **centro** downtown (area)
el (la) **empleado(a)** clerk
la **esquina** corner
la **estampilla**, el **sello**, el **timbre** (*Méx.*) stamp
la **guía para turistas** tourist guide

el **lugar** place
los **lugares de interés** places of interest
el **muchacho** young man, boy
el **número** number
la **oficina de cambio** money exchange office
la **oficina de turismo** tourist office
el **piso** floor
la **puerta** door

---

[1]Nouns ending in –ista change only the article to indicate gender: **el turista** (*m.*), **la turista** (*f.*)

el **puesto de revistas**   magazine stand
la **revista**   magazine
la **tarjeta postal**   post card

VERBS

cambiar   to change
comprar   to buy
deber   must, should
decidir   to decide
esperar   to wait (for)
están   they are
ir[1]   to go
llegar   to arrive, to get
quedar   to be located
solicitar   to request
subir   to go up, to climb, to get on or in (*a car, plane, etc.*)
tomar   to take (*a bus, train, etc.*)
vender   to sell

ADJECTIVES

argentino(a)   Argentinian
chileno(a)   Chilean

gratis   free
mexicano(a)   Mexican

OTHER WORDS AND EXPRESSIONS

a   to
a la derecha   to the right
a la izquierda   to the left
¿algo más?   anything else?
aquí   here
aquí tiene una   here is one
beber algo   to have something to drink
cerca   near
comer algo   to have something to eat
con   with
de   of
después   afterwards
en   on
en este momento   at this moment
¿En qué puedo servirle?   What can I do for you?, May I help you?
lejos   far (away)
para   in order to
primer piso   first floor
son gratis   they are free
también   also, too

¿CUÁL ES LA RESPUESTA?

Match the questions in column A with the corresponding answers in column B.

A	B
1. ¿Venden mapas aquí?	...... a. En la esquina.
2. La oficina de turismo está a la derecha?	...... b. Unas revistas.
3. ¿Algo más?	...... c. El número 4.
4. ¿En qué puedo servirle?	...... d. No, pesetas.
5. ¿Dónde espero el ómnibus?	...... e. No, deseo beber algo.
6. ¿El centro queda cerca?	...... f. No, en el puesto de revistas.
7. ¿Qué ómnibus debo tomar?	...... g. No, deseo estampillas.
8. ¿Desea comprar tarjetas postales?	...... h. En la oficina de cambios.
9. ¿Dónde está la oficina de turismo?	...... i. En el restaurante.
10. ¿Desea pesos chilenos?	...... j. No, a la izquierda.

---

[1]The verb **ir** is conjugated in Lesson 3.

11.	¿Desea comer algo?	...... k.	En el aeropuerto.
12.	¿Qué desea comprar?	...... l.	No, gracias.
13.	¿Dónde cambian dinero?	...... ll.	No, lejos.
14.	¿Dónde comemos?	...... m.	Necesito una lista de lugares de interés.
15.	¿A dónde llegan los muchachos?	...... n.	A la oficina de turismo.

¡VAMOS A CONVERSAR!

A. We want to know what is happening at the Barajas Airport. Please tell us.

1. ¿Qué solicitan los turistas?

....

2. ¿Dónde están los turistas en este momento?

....

3. ¿Dónde queda el Hotel Recoletos?

....

4. ¿Qué ómnibus debe tomar la señora mexicana?

....

5. ¿Dónde espera la señora el ómnibus?

....

6. ¿Dónde venden mapas de Madrid?

....

7. ¿Son gratis las guías para turistas?

....

8. ¿Qué decide el señor argentino?

....

9. ¿Dónde venden tarjetas postales?

....

10. ¿Qué necesita Rafael?

....

11. ¿Dónde queda la oficina de cambios?

....

12. ¿El centro queda cerca o lejos de la oficina de cambios?

....

13. ¿Qué compra Jorge?

....

14. ¿Qué cambia Rafael?

....

15. ¿Dónde espera Rafael a Jorge?

....

B. **Divide into groups of two and ask each other the following questions, using the *tú* form.**

Pregúntele a su compañero(a) de clase...

1. ..... dónde queda la universidad.
2. ..... dónde venden revistas.
3. ..... si necesita una guía para turistas.
4. ..... si las clases son gratis.
5. ..... si desea comer algo.
6. ..... si come en el restaurante o en la cafetería.
7. ..... si necesita estampillas.
8. ..... si el centro queda cerca o lejos de la universidad.

¿QUÉ DICE...?

We can hear what the employee is saying, but we can't hear Elba. Give her side of the conversation.

EMPLEADO —¿En qué puedo servirle?

ELBA — ....

EMPLEADO —El hotel Azteca queda en la Avenida Maderos.

ELBA — ....

EMPLEADO —No, no queda cerca. Queda lejos de aquí.

ELBA — ....

EMPLEADO —Sí, debe tomar el ómnibus número 5.

ELBA — ....

EMPLEADO —Venden mapas de la ciudad de México en los puestos de revistas.

ELBA — ....

EMPLEADO —La oficina de cambios queda en el primer piso, a la izquierda.

¿QUÉ PASA AQUÍ?

What is going on?   What are the people in the picture on page 15 doing and saying?   Can you tell us?

A.   1. ¿Dónde están los turistas?

....

2. ¿Quién trabaja en la oficina de información?

....

3. ¿Qué solicita Esteban?

....

4. ¿Necesita cambiar dinero Esteban?

....

5. ¿Dónde queda la oficina de cambios?

....

6. ¿Necesita Esteban algo más?

....

7. ¿Con quién habla Josefina?

....

8. ¿Qué desea Josefina?

....

9. ¿Desea Josefina un mapa de Lima?

....

10. ¿Norberto decide ir a un restaurante o a la oficina de correos?

....

11. ¿Qué ómnibus debe tomar Liliana?

....

A.

B.

---

[1]Post office

B. 1. ¿Dónde están Héctor y María?

....

2. ¿Qué necesita comprar María?

....

3. ¿Cuánto debe pagar María por las cinco tarjetas?

....

4. ¿Qué necesita comprar Héctor?

....

5. ¿Con quién habla Héctor?

....

SITUACIONES

What would you say in the following situations?

1. You need to ask whether the information office is (located) to the left or to the right.
2. You need to ask whether the hotel is (located) near or far from here and whether you need to take a bus.
3. Find out where they sell postcards and stamps.
4. Tell someone that you need a list of places of interest, maps of the city and also a tourist guide.
5. Tell someone that the money exchange office is located downtown.

Y AHORA, ¿QUÉ?

Act out the following situation with a classmate:

A clerk (at the information office) and a tourist. The tourist needs to find out the location of the Hilton Hotel, the money exchange office, the tourist office and the post office. He (she) also asks where they sell tourist maps, magazines, etc.

UNA ACTIVIDAD

Set up 4 offices in the classroom:

Oficina de información (2)

Oficina de correos (2)

Students should take turns working in each office. The rest of the students, acting as tourists, do the following:

1. Ask for directions.
2. Buy stamps and post cards, and mail letters to different countries and states.

Lesson 3

¡Feliz cumpleaños!

Yolanda va a una fiesta de cumpleaños en la casa de su amiga Carmen. Allí conversa con Miguel, un joven chileno. Miguel es alto, delgado, moreno y muy guapo. Yolanda no es baja; es de estatura mediana, rubia y muy bonita.

MIGUEL —Ud. es de Montevideo, ¿no? Yo soy de Chile.

YOLANDA —¿De qué parte de Chile? ¿De Santiago?

MIGUEL —Sí. ¿Ud. asiste a la universidad aquí?

YOLANDA —Sí. Carmen y yo somos compañeras de clase. Nuestro profesor de literatura española es de Chile también...

MIGUEL —Sí, el doctor Urbieta... Es mi padre.

YOLANDA —¿Ud. es el hijo de mi profesor? ¡Qué casualidad! ¿Está él aquí?

MIGUEL —No, está en casa. Esta noche él y mamá dan una fiesta de Navidad para unos amigos de la universidad.

YOLANDA —¿Y Ud. está aquí...?

MIGUEL —Bueno... son amigos de ellos... Yo voy más tarde. ¿Vamos a la sala?

YOLANDA —Bueno. ¿Dónde está Carmen? ¿En la cocina?

MIGUEL —No, está en el comedor. ¿Desea tomar algo? ¿Cerveza..., un coctel..., champaña...?

YOLANDA —Una limonada o un refresco, por favor... Gracias. Muy amable.

MIGUEL —¿Un cigarrillo?

YOLANDA —No, gracias. No fumo.

MIGUEL —Entonces, yo tampoco. ¿Bailamos?

YOLANDA —Con mucho gusto.

Miguel invita a Yolanda a la fiesta de sus padres. La muchacha está un poco cansada, pero acepta la invitación.

MIGUEL —Buenas noches a todos. (*A Carmen*) ¡Una fiesta fantástica, Carmen! ¡Feliz cumpleaños! ¡Adiós! (*A Yolanda*) ¿Vamos...?

Happy Birthday!

Yolanda goes to a birthday party at the home of her friend Carmen. There she talks with Miguel, a Chilean young man. Miguel is tall, slim, dark, and very handsome. Yolanda is not short; she is of medium height, blonde, and very pretty.

MIGUEL: You are from Montevideo, right? I am from Chile.

YOLANDA: (From) what part of Chile? (From) Santiago?

MIGUEL: Yes. Do you attend the university here?

YOLANDA: Yes. Carmen and I are classmates. Our Spanish literature professor is from Chile too. . . .

MIGUEL: Yes, Dr. Urbieta . . . He's my father.

17

YOLANDA: You are my professor's son? What a coincidence! Is he here?
MIGUEL: No, he's at home. Tonight he and my mother (mom) are giving a Christmas party for some friends from the university.
YOLANDA: And you are here . . . ?
MIGUEL: Well . . . they are friends of theirs. . . . I'm going later. Shall we go to the living room?
YOLANDA: Okay. Where is Carmen? In the kitchen?
MIGUEL: No, she's in the dining room. Do you want to have anything to drink? Beer . . ., a cocktail . . ., champagne . . .?
YOLANDA: A lemonade or a soda, please. . . . Thank you. That's very kind of you.
MIGUEL: A cigarette?
YOLANDA: No, thank you. I don't smoke.
MIGUEL: Then, I (won't) either. Shall we dance?
YOLANDA: I'd love to.

Miguel invites Yolanda to his parents' party. Yolanda is a little tired, but accepts the invitation.

MIGUEL: Good night to all. (*To Carmen*) A fantastic party, Carmen! Happy birthday! Goodbye! (*To Yolanda*) Shall we go . . .?

VOCABULARIO

COGNATES

el **aniversario** anniversary
el **coctel** cocktail
el **champaña** champagne
   fantástico(a) fantastic
la **graduación** graduation

la **invitación** invitation
la **limonada** lemonade
la **literatura** literature
la **parte** part
   próspero(a) prosperous

NOUNS

el **abrazo** hug
la **casa** house, home
la **cerveza** beer
el **cigarrillo** cigarette
la **cocina** kitchen
el **comedor** dining room
el (la) **compañero(a) de clase** classmate
el **cumpleaños**[1] birthday
la **fiesta** party
la **fiesta de cumpleaños** birthday party
la **fiesta de Navidad** Christmas party
la **mamá, madre** mother, mom
la **muchacha** girl, young woman
el **muchacho** boy, young man
la **Navidad** Christmas
el **padre, papá** father
los **padres** parents
la **sala** living room
la **tarjeta** card

VERBS

asistir (a) to attend
bailar to dance

conversar to talk, to converse
fumar to smoke
invitar to invite

ADJECTIVES

bajo(a) short (*height*)
bonito(a) pretty
cansado(a) tired
delgado(a) thin, slim
guapo(a) handsome, beautiful
moreno(a) dark-skinned, olive-skinned
rubio(a) blond(e)

OTHER WORDS AND EXPRESSIONS

allí there
aquí here
¿bailamos? shall we dance?
buenas noches a todos good night to everyone
bueno... well . . ., okay
cariñosamente with love
con mucho gusto with (much) pleasure, I'd love to
entonces yo tampoco then I won't either

---

[1]Unless the person having a birthday is one year old, **cumpleaños** is always plural.

¡FELIZ CUMPLEAÑOS!

Tu amiga,
Yolanda

¡FELIZ NAVIDAD Y PRÓSPERO AÑO NUEVO!

Cordialmente,
Miguel

¡FELIZ ANIVERSARIO!

Cariñosamente,
Carmen

¡Felicidades en el día de tu graduación!

Un abrazo,
Anita

¿CUÁL ES LA RESPUESTA?

Match the questions in column A with the answers in column B.

	A			B
1.	Bueno... ¿deseas beber cerveza?	......	a.	En la casa de su mamá.
2.	¿Deseas un cigarrillo?	......	b.	Rubia y muy bonita.
3.	¿Están en la cocina?	......	c.	Moreno, bajo y delgado.
4.	¿Es una fiesta de Navidad?	......	d.	De Buenos Aires.
5.	¿Dónde está la muchacha?	......	e.	No, allí.
6.	¿Cómo es tu padre?	......	f.	Con mucho gusto.
7.	¿Dónde están tus padres?	......	g.	No, de cumpleaños.
8.	¿Cómo es Ana María?	......	h.	Sí, todos reciben una invitación.
9.	¿Quién es Pedro García?	......	i.	No, gracias. No fumo.
10.	¿Vamos a la fiesta?	......	j.	Sí, todos vamos.
11.	¿Está aquí?	......	k.	No, en casa.
12.	¿De qué parte de Argentina es Andrés?	......	l.	No, en el comedor.
13.	¿Qué deseas comprar?	......	ll.	Un compañero de clase.
14.	¿Bailamos...?	......	m.	No... estoy cansada...
15.	¿Es muy alto?	......	n.	En la sala.
16.	¿Uds. van a la fiesta también?	......	o.	Una tarjeta de aniversario.
17.	¿La fiesta es en el club?	......	p.	No... Un poco de limonada. Gracias; muy amable.
18.	¿Invitan a los padres de los muchachos a la graduación?	......	q.	No, de estatura mediana.

¡VAMOS A CONVERSAR!

A. Answer the following questions on the dialogue. Use complete sentences.

1. ¿A dónde va Yolanda?

....

2. ¿Con quién conversa Yolanda en la fiesta?

....

3. ¿De dónde es Miguel?

....

4. ¿Yolanda es chilena también?

....

5. ¿Quién es el profesor de literatura de Yolanda?

....

6. ¿Quiénes dan una fiesta de Navidad esta noche?

....

7. ¿Carmen está en la cocina, en la sala o en el comedor?

....

8. ¿Qué desea tomar Yolanda?

....

9. ¿A quién invita Miguel a la fiesta de sus padres?

....

10. ¿Acepta la muchacha la invitación?

....

B. Now answer the following personal questions:

1. ¿Va Ud. a fiestas de cumpleaños?

....

2. ¿Van Uds. a una fiesta esta noche?

....

3. ¿Da Ud. una fiesta de Navidad el veinte y cinco de diciembre?

....

4. ¿Son Uds. chilenos?

....

5. ¿Es Ud. de los Estados Unidos?

....

6. ¿De qué parte de los Estados Unidos es Ud.?

   ....

7. ¿Asiste Ud. a la universidad?

   ....

8. ¿De dónde es tu profesor(a) de español?

   ....

9. ¿Estudian Uds. literatura española?

   ....

10. ¿Eres alto(a), bajo(a) o de estatura mediana?

    ....

11. ¿Eres rubio(a) o moreno(a)?

    ....

12. ¿Cómo se llama tu padre?

    ....

13. ¿Cómo se llama tu mamá?

    ....

14. ¿Comen Uds. en la sala, en el comedor o en la cocina?

    ....

15. ¿Estás cansado(a)?

    ....

¿QUÉ DICE...?

Using your imagination and the vocabulary learned in this lesson, complete the missing lines of these dialogues.

A. Carlos, un joven norteamericano, y Marisa, una chica chilena, conversan en una fiesta.

   MARISA —¿Es Ud. de los Estados Unidos?

   CARLOS —..

   MARISA —¿De California? ¡Qué casualidad! Mis padres y yo viajamos a California en septiembre.

   CARLOS —..

   MARISA —Bueno... yo hablo inglés, pero mis padres no.

22

CARLOS   — . . . .

MARISA   —No, no están aquí.   Están en casa.

CARLOS   — . . . .

MARISA   —Sí, un refresco, por favor.   Gracias.   Muy amable.

CARLOS   — . . . .

MARISA   —No, gracias.   No fumo.

CARLOS   — . . . .

MARISA   —No, no deseo bailar.   Estoy un poco cansada...

B.   Marisa habla con Anita.

MARISA   —¡Una fiesta fantástica, Anita!   ¡Felicidades por tu graduación!

ANITA   — . . . .

MARISA   —Mis padres están en la sala.

ANITA   — . . . .

MARISA   — ¿Champaña?   Sí, por favor.

¿QUÉ PASA AQUÍ?

Answer the following questions with complete sentences according to what you see in the picture on page 24.

1. ¿Da Dora una fiesta de cumpleaños?

. . . .

2. ¿Con quién conversan Paco y Ana?

. . . .

3. ¿Es alto Julio?

. . . .

4. ¿De dónde es Dora?

. . . .

5. ¿Dónde está Pedro?   ¿En el comedor o en la sala?

. . . .

6. ¿Está en la cocina Elisa?

. . . .

¡FELIZ NAVIDAD!

7. ¿Con quién baila Rita?

....

8. ¿Qué toma Dora?

....

9. ¿Es bonita Estela?

....

10. ¿Asiste Raquel a la fiesta?

....

11. ¿Eva fuma?

....

12. ¿Quién toma champaña?

....

13. ¿Es delgado Alberto?

....

14. ¿Paco es rubio o moreno?

....

SITUACIONES

What would you say in the following situations?

1. Someone asks you to describe your friend. Tell her/him that he is of medium height, blond, and not very handsome, but very intelligent.
2. You have just found out that your classmate is from Argentina. Express surprise at the coincidence, for your friend is from Argentina also. Ask him what part of Argentina he is from.
3. Tell someone you attend the University of California, and your Spanish literature professor is from Mexico.
4. Someone asks you whether your father is home. Tell her/him that he is not home tonight. Tell her/him that he's at the home of some friends.
5. Someone offers you a cigarette. Decline.
6. Ask someone to dance.
7. Someone asks you to dance. Accept.
8. Ask someone at your party if he wants anything to drink. Give him a few choices.
9. Thank someone for a great party and say good night to everyone.
10. Write the following cards:
    a. a Christmas card to your parents
    b. an anniversary card to your best friend
    c. a birthday card to your boss
    d. a graduation card to your son or daughter

Y AHORA, ¿QUÉ?

Act out the following situations with a classmate.

1. Two people trying to find out each other's origin, profession, parents' origin, place of residence, etc.[1]
2. The host(-ess) and his (her) guest at a party.

UNA ACTIVIDAD

It is Christmas time and Mr. and Mrs. X are having a party to celebrate their anniversary. One of the guests has just received a promotion and another is celebrating a birthday.

The host and hostess are in the classroom and the guests arrive later, in groups or by themselves. They greet the host and hostess, are introduced to the guests[1] and chat. The guests will congratulate the host and hostess, wish each other a merry Christmas and a happy New Year, congratulate the person who has been promoted, and wish the birthday person a happy birthday. You may wish to sing this song (to the tune of "Happy Birthday"):

> Cumpleaños feliz,
> Cumpleaños feliz.
> Mi querido(a) *(name)*
> Cumpleaños feliz.

The guests then thank their host and hostess for a great party and say goodbye.

---

[1]Use the vocabulary in the Preliminary Lesson of *Basic Spanish Grammar.*

Lesson 4

En el hotel

El señor López está en un hotel en San Juan, Puerto Rico. No tiene reservación, pero desea una habitación para él y su esposa. Habla con el gerente.

GERENTE —¿En qué puedo servirle, señor?

SR. LÓPEZ —¿Tienen Uds. una habitación libre para dos personas?

GERENTE —Sí, tenemos dos. ¿Desea una cama matrimonial o dos camas chicas?

SR. LÓPEZ —Una cama matrimonial. ¿Tiene el cuarto baño privado y agua caliente?

GERENTE —Sí, señor, agua caliente y fría. También tiene teléfono, televisor y aire acondicionado.

SR. LÓPEZ —¡Qué bueno, porque tengo mucho calor! ¿Cuánto cobran?

GERENTE —Cuarenta y cinco dólares por noche y cinco dólares extra por cada persona adicional.

SR. LÓPEZ —¿Es con vista a la calle o interior?

GERENTE —Es con vista al jardín y a la piscina.

SR. LÓPEZ —Muy bien. ¿Aceptan tarjetas de crédito... cheques de viajero?

GERENTE —Sí, señor. (*El señor López paga por dos noches y firma el registro.*) Aquí tiene la llave. El elevador está a la derecha. (*Llama al botones.*) ¡Jorge! Las maletas del señor al cuarto 242. (*El botones lleva las maletas.*)

Dos horas después, el señor López baja al vestíbulo del hotel y habla con el gerente.

SR. LÓPEZ —Tenemos mucha hambre. ¿Es bueno el restaurante que queda en la esquina?

GERENTE —¿"El Roma"? Sí, yo creo que la comida es buena allí, pero el restaurante "El Gaucho" es el mejor de todos. Queda a tres cuadras de aquí.

SR. LÓPEZ —¿Es muy caro?

GERENTE —No es tan caro como otros restaurantes, y el servicio es estupendo.

SR. LÓPEZ —¡Ah! ¿Dónde venden diarios y revistas?

GERENTE —Aquí, en el vestíbulo del hotel, señor. También venden objetos de arte nativo. Todo muy bonito y bastante barato.

SR. LÓPEZ —Muy bien. ¿A qué hora debemos desocupar el cuarto?

GERENTE —Al mediodía.

SR. LÓPEZ —Aquí viene mi esposa. Gracias, señor.

GERENTE —De nada, Sr. López. Ah, aquí tiene una lista de restaurantes y excursiones a lugares de interés.

SR. LÓPEZ —Muy bien. ¿Tienen Uds. servicio de habitación? Estamos demasiado cansados para ir a un restaurante.

GERENTE —Sí, señor.

*   *   *

At the Hotel

Mr. López is in a hotel in San Juan, Puerto Rico. He doesn't have a reservation, but he wants a room for himself and his wife. He speaks with the manager.

MANAGER: May I help you?

MR. LÓPEZ: Do you have a vacant room for two people?

MANAGER: Yes, we have two. Do you want a double bed or two single beds?

MR. LÓPEZ: A double bed. Does the room have a private bathroom and hot water?

MANAGER: Yes, sir. Hot and cold water. It also has a telephone, a T.V. set, and air conditioning.

MR. LÓPEZ: That's good, because I'm very hot. How much do you charge?

MANAGER: Forty-five dollars a night and five dollars extra for each additional person.

MR. LÓPEZ: Is it (the room) exterior (with a view to the street) or interior?

MANAGER: It has a view of the garden and of the swimming pool.

MR. LÓPEZ: Very well. Do you accept credit cards . . . traveler's checks?

MANAGER: Yes, sir. (*Mr. López pays for two nights and signs the register*) Here's the key. (*He calls the bellboy.*) George! The gentleman's suitcases to room 242. (*The bellboy takes the suitcases.*)

Two hours later Mr. López goes down to the lobby and talks with the manager.

MR. LÓPEZ: We are very hungry. Is the restaurant that is located on the corner good?

MANAGER: The "Roma"? Yes, I think (that) the food is good there, but the "El Gaucho" restaurant is the best of all. It's located three blocks from here.

MR. LÓPEZ: Is it very expensive?

MANAGER: It's not as expensive as other restaurants, and the service is great.

MR. LÓPEZ: Ah! Where do they sell newspapers and magazines?

MANAGER: Here, in the hotel lobby, sir. They also sell native art objects. Everything is very nice and quite inexpensive.

MR. LÓPEZ: Very well. At what time do we have to check out (vacate the room)?

MANAGER: At noon.

MR. LÓPEZ: Here comes my wife. Thank you, sir.

MANAGER: You are welcome, Mr. López. Ah, here's a list of restaurants and tours to places of interest.

MR. LÓPEZ: Very well. Do you have room service? We are too tired to go to a restaurant.

MANAGER: Yes, sir.

VOCABULARIO

COGNATES

adicional additional	el **objeto** object
el **arte** art	**privado(a)** private
el **cheque** check	el **registro** register
extra extra	la **reservación** reservation
interior interior	el **restaurante** restaurant
la **lista** list	el **servicio** service
nativo(a) native	

NOUNS

el **agua**[1] water

el **aire** air

el **aire acondicionado** air conditioning

el **baño** bathroom

el **botones** bellboy

la **cama** bed

la **cama chica, (individual) (personal)** twin bed

la **cama matrimonial (doble)** double bed

la **comida** food

el **cheque de viajero** traveler's check

el **diario**, el **periódico** newspaper

el **elevador, ascensor** elevator

---

[1]**El (un)** is used when the noun starts with stressed **a** or **ha**.

Name .... Section .... Date ....

la **excursión**   tour
el (la) **gerente**   manager
la **habitación,** el **cuarto**   room
el **jardín**   garden
la **llave**   key
la **maleta**   suitcase
la **noche**   night
la **piscina, alberca (***Méx.***)**   swimming pool
la **tarjeta de crédito**   credit card
el **televisor**   T.V. set
el **vestíbulo**   lobby

caliente   hot
caro(a)   expensive
chico(a), pequeño(a)   small
estupendo(a)   great, fantastic
frío(a)   cold
libre   vacant, free
otro(a)   other, another

VERBS

aceptar   to accept
cobrar   to charge
creer   to think, to believe
desocupar   to check out, to vacate
firmar   to sign
llevar   to take, to carry

ADJECTIVES

barato(a)   inexpensive
bastante   quite

OTHER WORDS AND EXPRESSIONS

a... cuadras   ... blocks from
¿a qué hora... ?   at what time ... ?
al mediodía   at noon
cada   each
con vista a...   with a view to ...
con vista a la calle, exterior   exterior
demasiado   too
por noche   a (per) night
que   that
qué bueno   that's good
servicio de habitación   room service
todo   everything

¿CUÁL ES LA RESPUESTA?

Match the questions in column A with the corresponding answers in column B.

A

1. ¿Tiene el cuarto baño privado?
2. ¿Es buena la comida aquí?
3. ¿Dónde venden diarios?
4. ¿Va a subir?
5. ¿Con quién desea hablar?
6. ¿El cuarto es interior?
7. ¿Quién lleva las maletas al cuarto?
8. ¿Qué debo firmar?
9. ¿Son baratos los objetos de arte nativo?
10. ¿Desea una cama chica?
11. ¿A qué hora debo desocupar el cuarto?
12. ¿Tiene servicio de habitación el hotel?

B

...... a.   No, tiene vista al jardín.
...... b.   No, son caros.
...... c.   En el vestíbulo.
...... d.   Sí, y tarjetas de crédito.
...... e.   El botones.
...... f.   Sí, con agua caliente y fría.
...... g.   Sí, puede comer en su cuarto.
...... h.   20 dólares por noche.
...... i.   Sí, es estupenda.
...... j.   El registro.
...... k.   Con el gerente.
...... l.   Sí, en el elevador.

29

13. ¿Cuánto cobran por la habitación?   ...... ll. No, doble.

14. ¿Aceptan cheques de viajero?   ...... m. Al mediodía.

¡VAMOS A CONVERSAR!

A. We want to know what goes on at the hotel. Tell us . . .

1. ¿Para cuántas personas es la habitación que desea el señor López?

....

2. ¿Desea una cama matriomonial o dos camas chicas?

....

3. ¿Qué tiene la habitación?

....

4. ¿Por qué no tiene calor en su habitación el señor López?

....

5. ¿Cuánto cobran en el hotel por una habitación?

....

6. ¿Es interior la habitación del señor López?

....

7. ¿Quién lleva las maletas a la habitación?

....

8. ¿Qué restaurante es mejor, el restaurante "Roma" o "El Gaucho"?

....

9. ¿A qué hora debe desocupar la habitación el señor López?

....

10. ¿Dónde desean comer el señor López y su esposa? ¿Por qué?

....

B. Divide into groups of two and ask each other the following questions, using the *tú* form.

Pregúntele a su compañero(a) de clase...

1. ..... si su habitación es interior o con vista a la calle.
2. ..... si tiene aire acondicionado y televisor en su cuarto.
3. ..... si tiene la llave de su casa.
4. ..... a cuántas cuadras de la universidad está su casa.

5. ..... si tiene piscina en su casa.
6. ..... qué periódicos y revistas lee.
7. ..... qué tarjetas de crédito tiene.
8. ..... si tiene hambre o sed.
9. ..... si está cansado.
10. ..... qué lugares de interés tiene la ciudad donde vive.

¿QUÉ DICE...?

A. We can hear what Marta is saying, but we can't hear *the clerk*. Provide his side of the conversation.

Marta habla por teléfono con el empleado del Hotel Azteca.

MARTA   —Deseo hacer una reservación para el quince de julio.

EMPLEADO   —...

MARTA   —Para dos personas.

EMPLEADO   —...

MARTA   —Por dos noches.

EMPLEADO   —...

MARTA   —No, dos camas chicas.

EMPLEADO   —...

MARTA   —Con vista a la calle, por favor. ¿Tienen los cuartos baño privado?

EMPLEADO   —...

MARTA   —¿Cuánto cobran por noche?

EMPLEADO   —...

MARTA   —Muy bien. Llegamos el quince de julio al mediodía.

B. Now we can hear *the clerk*, but we can't hear Marta. Provide her side of the conversation.

Marta llega al Hotel Azteca.

MARTA   —...

EMPLEADO   —No, no aceptamos tarjetas de crédito, pero aceptamos cheques de viajero.

MARTA   —...

EMPLEADO   —Sí, debe firmar el registro. Aquí tiene la llave. Es el cuarto número 520.

MARTA   —...

EMPLEADO —Sí, el "París" es un restaurante muy bueno y el servicio es estupendo, pero es bastante caro.

MARTA —...

EMPLEADO —Sí, señorita. Tenemos servicio de habitación.

MARTA —...

EMPLEADO —Sí, tenemos una lista de restaurantes, excursiones y lugares de interés. Está en el cuarto.

¿QUÉ PASA AQUÍ?

What is going on? What are these people doing and saying? Can you tell us?

1. ¿En qué hotel está la familia Soto?

....

2. ¿Cuánto debe pagar el señor Soto?

....

3. ¿El señor Soto cree que el hotel es caro o barato?

....

4. ¿Cómo se llama la hija del señor Soto?

....

5. ¿Qué número tiene la habitación de la familia Soto?

....

6. ¿Cuántas maletas tienen ellos?

....

7. ¿El cuarto número quince es con vista a la calle?

....

8. ¿Quién lleva las maletas al cuarto?

....

9. ¿Cómo sube al cuarto?

....

10. ¿Cuánto cobran por una persona en el Hotel Caracas?

....

11. ¿Cuánto cobran por dos personas?

....

12. ¿Cuánto cobran por cada persona adicional?

....

13. ¿Con quién habla el señor Soto?

....

14. ¿Con quién habla la señora Soto?

....

15. ¿Quiénes están en el vestíbulo del hotel?

....

16. ¿Tiene aire acondicionado la habitación de la familia Soto? ¿Televisor?

....

SITUACIONES

What would you say in the following situations?

1. You are a tourist in Mexico. Tell the hotel clerk you want a room for three people with a private bathroom, a double bed, a single bed, and a view of the garden.

2. You are a hotel clerk in Arizona. Tell your Mexican customer that they sell native art objects, magazines, and newspapers in the lobby. Tell him also that you have a list of restaurants and places of interest.

3. You are a tourist in Guatemala. Ask the hotel clerk if they have a vacancy. Tell him you don't have a reservation. Ask him how much extra they charge for each additional person.

4. Someone wants to sell you some art objects. Tell her that they are very nice, but too expensive.

5. Someone tells you that your room has air conditioning. Say, "That's good," and tell her you are very hot.

Y AHORA, ¿QUÉ?

Act out the following situations with a classmate.

1. A tourist talks to the hotel manager about getting a room.

2. A tourist asks a guide questions about restaurants, souvenirs, and places of interest.

UNA ACTIVIDAD

1. Two or more hotels can be set up in different corners of the classroom. Two or more students are hotel clerks. The rest of the students play the roles of customers. Some suggestions: a couple and their child, two women traveling together, two men on business, a couple on their honeymoon, etc.

2. Students make reservations, ask about prices for single rooms, double rooms, an additional person in the room, etc. They also try to find out about restaurants, excursions, and other places of interest. Students should "shop around" before deciding where to stay.

Lesson 5

Un cuarto para dos

Miguel y Jorge están de vacaciones en Sevilla. Como no tienen mucho dinero, deciden ir a una pensión.

Con la dueña de la pensión:

MIGUEL	—¿Cuánto cobran por un cuarto?
LA DUEÑA	—¿Cuántas personas son?
MIGUEL	—Somos dos.
LA DUEÑA	—Con comida el precio es de veinte mil pesetas por semana. Eso incluye desayuno, almuerzo y cena. Sin comida, cuatro mil quinientas pesetas.
MIGUEL	—Queremos un cuarto sin comida porque vamos a viajar mucho.
LA DUEÑA	—¿Cuánto tiempo piensan estar aquí?
MIGUEL	—Pensamos estar dos semanas en Sevilla.
JORGE	—¿Los cuartos tienen baño privado?
LA DUEÑA	—No. Hay dos baños para todos los huéspedes: uno en el primer piso y otro en el segundo.
JORGE	—¿Tienen bañadera o ducha?
LA DUEÑA	—Las dos cosas.
MIGUEL	—¿Tienen calefacción los cuartos? Yo tengo mucho frío...
LA DUEÑA	—Sí. Además hay mantas en el cuarto...
JORGE	—¿Hay una zona de estacionamiento cerca de aquí?
LA DUEÑA	—Sí, hay una a tres cuadras de aquí.
MIGUEL	—Bueno. ¿Debemos pagar por adelantado?
LA DUEÑA	—Sí, deben pagar por adelantado.
JORGE	—Muy bien. Vamos a estacionar el coche y a traer el equipaje.

En la habitación:

JORGE	—Oye, tengo hambre. ¿Qué hora es?
MIGUEL	—Son las ocho y no empiezan a[1] servir la cena hasta las nueve.
JORGE	—Entonces vamos a hacer unas compras. Necesito comprar jabón y una toalla. ¿A qué hora cierran las tiendas?
MIGUEL	—Creo que a las ocho. Es muy tarde.
JORGE	—¡Paciencia! Oye, ¿por qué no llamamos a Estela y a Pilar para ir a bailar esta noche?
MIGUEL	—¿Pilar? Yo no entiendo por qué quieres llevar a Pilar. Es muy fea...
JORGE	—Pero es inteligente y simpática y baila muy bien, sobre todo los bailes modernos.
MIGUEL	—Bueno. Oye, yo tengo mucha sed. ¿Por qué no vamos a un café a tomar una cerveza?
JORGE	—Buena idea.

* * *

---

[1]**Empezar** is followed by the preposition **a** before an infinitive.

A room for two

Miguel and Jorge are on vacation in Seville. Since they don't have much money, they decide to go to a boarding house.

With the owner of the boarding house:

MIGUEL: How much do you charge for a room?

THE OWNER: For how many people?

MIGUEL: There are two of us.

THE OWNER: With meals, the price is twenty thousand pesetas a week. That includes breakfast, lunch, and dinner. Without meals, four thousand five hundred pesetas.

MIGUEL: We want a room without meals because we are going to travel a lot.

THE OWNER: How long are you planning to be here?

MIGUEL: We're planning to be in Seville (for) two weeks.

JORGE: Do the rooms have private bathrooms?

THE OWNER: No. There are two bathrooms for all the guests: one on the first floor and another one on the second.

JORGE: Do they have a bathtub or a shower?

THE OWNER: Both.

MIGUEL: Do the rooms have heating? I'm very cold. . . .

THE OWNER: Yes. Besides, there are blankets in the room. . . .

JORGE: Is there a parking lot near here?

THE OWNER: Yes, there is one three blocks from here.

MIGUEL: Okay. Do we have to pay in advance?

THE OWNER: Yes, you must pay in advance.

JORGE: Very well. We're going to park the car and bring (in) the luggage.

In the room:

JORGE: Listen, I'm hungry. What time is it?

MIGUEL: It's eight o'clock, and they don't start serving dinner until nine.

JORGE: Then let's do some shopping. I need to buy soap and a towel. What time do they close the stores?

MIGUEL: At eight, I think. It's very late.

JORGE: Too bad! Why don't we call Stella and Pilar to go dancing tonight?

MIGUEL: Pilar? I don't understand why you want to take Pilar. She's very ugly . . .

JORGE: But she's intelligent and nice and dances very well, especially modern dances.

MIGUEL: Okay. Listen, I'm very thirsty. Why don't we go to a cafe to have a beer?

JORGE: Good idea.

VOCABULARIO

COGNATES

el **café** cafe	**moderno(a)** modern
la **idea** idea	

NOUNS

el **almuerzo**   lunch

el **baile**   dance

la **bañadera**   bathtub

la **calefacción**   heating

la **cena**   dinner, supper

la **comida**   meal, food

la **cosa**   thing

el **desayuno**   breakfast

la **ducha**   shower

el (la) **dueño(a)**   owner

el **equipaje**   luggage

el **huésped**   guest

el **jabón**   soap

la **manta, frazada, cobija**   blanket
el **pasillo**   hall, hallway
la **pensión**   boarding house
el **precio**   price
la **semana**   week
la **tienda**   store
la **zona de estacionamiento**   parking lot

VERBS

estacionar, aparcar   to park
pagar   to pay
pensar (e>ie)   to plan, to intend, to think
servir (e>i)   to serve
traer   to bring

ADJECTIVES

bueno(a)   good

feo(a)   ugly
simpático(a)   nice, charming, fun to be with

OTHER WORDS AND EXPRESSIONS

al final   at the end
como   since, being that
¿cuánto tiempo?   how long?
eso incluye   that includes
estar de vacaciones   to be on vacation
hacer unas compras   to do some shopping
hasta   until
otro(a)   another, other
¡oye!   listen!
paciencia   too bad (*lit.* patience)
pagar por adelantado   to pay in advance
sin   without
sobre todo   especially, above all
somos dos   there are two of us

¿CUÁL ES LA RESPUESTA?

Match the questions in column A with the answers in column B.

A	B
1. ¿Qué comidas incluye el precio?	...... a. No, a una pensión.
2. Oye, ¿dónde está el baño?	...... b. Sí, quiero una frazada.
3. ¿Dónde vas a aparcar?	...... c. No, estoy de vacaciones.
4. ¿Van a un hotel?	...... d. No, es feo. Pero es simpático...
5. ¿El baño tiene bañadera?	...... e. No, es uno de los huéspedes.
6. ¿Tienes frío?	...... f. Jabón y toallas.
7. ¿Cuánto tiempo vas a estar en Sevilla?	...... g. No, tengo que hacer unas compras.
8. ¿Es guapo?	...... h. Al final del pasillo.
9. ¿No trabajas hoy?	...... i. El botones.
10. ¿Qué cosas vas a comprar en la tienda?	...... j. Como no tienen mucha hambre... ensalada y sopa.
11. ¿Es el dueño del hotel?	...... k. En la zona de estacionamiento.
12. ¿Qué van a servir?	...... l. No, no necesitan el dinero hasta mañana.
13. ¿Tenemos que pagar por adelantado?	...... ll. Tres semanas.

14. ¿No vas a ir al baile?   ...... m. El desayuno, el almuerzo y la cena.

15. ¿Quién va a traer el equipaje?   ...... n. Sí, sobre todo porque no tiene calefacción...

16. ¿Es caro el hotel?   ...... o. No, ducha.

¡VAMOS A CONVERSAR!

A. Answer these questions about the dialogue.   Use complete sentences.

1. ¿Dónde están Miguel y Jorge de vacaciones?

....

2. ¿Van a un hotel o a una pensión?

....

3. ¿Cuál es el precio del cuarto con comida?

....

4. ¿Cuánto tiempo piensan estar los muchachos en Sevilla?

....

5. ¿Cuántos baños hay para todos los huéspedes?

....

6. ¿Los baños tienen bañadera o ducha?

....

7. ¿A cuántas cuadras de la pensión está la zona de estacionamiento?

....

8. ¿A qué hora empiezan a servir la cena?

....

9. ¿Cómo es Pilar?

....

10. ¿Para qué quiere ir Miguel a un café?

....

B. Now answer the following personal questions:

1. ¿Tú estás de vacaciones?

....

2. Cuando estás de vacaciones, ¿prefieres ir a un hotel o a una pensión?

....

3. Cuando vas a un hotel, ¿prefieres un cuarto con comida o sin comida?

....

4. ¿Llevas mucho equipaje cuando viajas?

....

5. En España no empiezan a servir la cena hasta las nueve. ¿Y en los Estados Unidos?

....

6. ¿A qué hora cierran las tiendas en la ciudad donde vives?

....

7. ¿El baño de tu casa tiene bañadera o ducha?

....

8. ¿Cuántas frazadas hay en tu cama?

....

9. ¿Tienes calefacción en tu casa?

....

10. ¿Cuánto tiempo piensas estudiar español?

....

DIALOGUE COMPLETION

Using your imagination and the vocabulary learned in this lesson, complete the missing lines of these dialogues.

A. *En la pensión:*

SR. PAZ —..

LA DUEÑA —Cobramos doscientos dólares por semana.

SR. PAZ —..

LA DUEÑA —Bueno, eso incluye el desayuno y el almuerzo, pero no la cena.

SR. PAZ —..

LA DUEÑA —No, hay tres baños para todos los huéspedes.

SR. PAZ —..

LA DUEÑA —Tienen ducha.

SR. PAZ —...

LA DUEÑA —Sí, debe pagar por adelantado.

B. *Raquel y Ana hablan en la habitación:*

RAQUEL —Oye, ¿por qué no llamamos a Luis y a Guillermo? Quiero ir a bailar esta noche.

ANA —...

RAQUEL —Bueno, Luis no baila bien, pero es guapo y simpático... sobre todo, simpático...

ANA —(*Llama.*)...

RAQUEL —¿No están? ¡Paciencia! ¿Quieres ir al café a tomar una cerveza?

ANA —...

¿QUÉ PASA AQUÍ?

Answer the following questions with complete sentences, according to the pictures.

A. 1. ¿Cómo se llama la pensión?

....

2. ¿Cuántos son en la familia?

....

3. ¿Cuántos años tiene Anita?

....

4. ¿Cuántas personas hay en el vestíbulo de la pensión?

....

5. ¿Hay un botones allí?

....

B. 1. ¿Qué número de cuarto tiene la familia Paz?

....

2. ¿Cuántas camas hay en el cuarto?

....

3. ¿Tiene baño privado el cuarto?

....

40

4. ¿Qué hay en el baño?

   ....

5. ¿Cuántas toallas tiene el baño?

   ....

C. 1. ¿Tiene frío el señor Paz?

   ....

2. ¿Qué quiere beber el señor Paz?

   ....

3. ¿Anita tiene sed?

   ....

4. ¿Qué va a comer Anita?

   ....

D. 1. ¿Dónde está la familia Paz?

   ....

2. ¿A qué hora empiezan a servir la cena?

   ....

3. ¿Cuántas personas hay en la primera mesa?   (¿en la segunda?)

   ....

4. ¿Cuánto va a pagar por la cena el señor Paz?

   ....

E. 1. ¿Qué hora es?

   ....

2. ¿Qué quiere hacer la señora Paz?

   ....

3. ¿El señor Paz quiere ir a bailar también?

   ....

4. ¿Ud. cree que son las once de la mañana o las once de la noche?

   ....

SITUACIONES

What would you say in the following situations?

1. Tell your friend that since you don't have much money, you are going to go to a boarding house.
2. Tell a tourist that there is a good restaurant five blocks from the hotel.
3. You are the hotel clerk. Tell a customer that with meals, the price of the room is sixty dollars a night. Tell him that doesn't include dinner.
4. Tell your friend that you want to do some shopping, but that you think the stores close at nine o'clock.
5. Tell someone that since there is no heating in your room, you are going to need three blankets.
6. Tell a guest at the boarding house that the bathroom is on the first floor at the end of the hall.

Y AHORA, ¿QUÉ?

Act out the following situations with a classmate.

1. A tourist and the owner of the boarding house, discussing accommodations, prices, meals, length of stay, etc.
2. Two friends making plans for the evening.

UNA ACTIVIDAD

Divide the classroom into different boarding houses. Then, have groups of students go to their different "rooms" and try to decide what to do that day. Possibilities: do some shopping, go to a party, go to a museum, go to a concert, go to the movies or the theater, etc. The students also discuss what kind of restaurant they will go to (a cheap one? a fancy one?) and the possibility of going on a tour (where?). After they decide, one student from each group reports about their plans to the class (start with *"Nosotros queremos..."* or *"Nosotros pensamos..."*).

LESSONS 1–5

VOCABULARY REVIEW

A. Circle the word or phrase that does not belong in each group.

1. ¿Qué tal?, ¿Dónde está?, ¿Qué hay de nuevo?
2. jamón, queso, sello
3. baile, almuerzo, cena
4. bañadera, equipaje, ducha
5. hablar, conversar, fumar
6. aire acondicionado, cama, calefacción
7. libre, caliente, frío
8. chico, caro, pequeño
9. esta noche, mañana, hola
10. cocina, comedor, cigarrillo
11. comida, casa, desayuno
12. esperar, comprar, vender
13. comer, practicar, beber
14. lugares de interés, guía para turistas, puerta
15. diario, jardín, periódico
16. frazada, tienda, cobija
17. morena, rubia, delgada
18. muchos, varios, porque
19. subir, estacionar, aparcar
20. limonada, champaña, cerveza
21. madre, sala, padre
22. equipaje, baño, maleta
23. empleado, gerente, centro
24. desear, ir, asistir

B. Circle the appropriate word or phrase that best completes each sentence.

1. Es de Buenos Aires; es (chileno, argentino).
2. Están en el primer (piso, muchacho), cuarto número 235.
3. ¿Tienes hambre? ¿Deseas (comer, beber) algo?
4. ¿Están aquí o (bueno, allí)?
5. Queda en (el aeropuerto, la esquina) de las calles Magnolia y Tercera.
6. Ellos (deciden, bailan) invitar a sus amigos.
7. María debe (tomar, llegar) un taxi para ir a la oficina de turismo.
8. El (pasillo, jabón) está en el baño.
9. Los huéspedes están en (el vestíbulo, la Navidad) del hotel.
10. Necesito (hacer, tener) unas compras, pero no tengo dinero para (pensar, pagar) por las cosas.
11. ¿No tienes dinero? (¡Paciencia!, ¡Simpático!).
12. ¿Necesita (en este momento, algo más)?
13. Necesitamos un cuarto. (Sobre todo, Somos dos).
14. Deseo comprar la revista y el periódico. (¿Qué hay de nuevo?, ¿Cuánto es?)
15. Tengo (sólo, pero) cinco dólares.

C. Crucigramma (Lessons 1-5) Use the clues provided below to complete the crossword puzzle.

HORIZONTAL

2. *Newsweek* o *Life*
4. No necesitas pagar por los sándwiches; son _____ .
5. Deseo comprar una _____ postal.
7. Cambian el dinero en la _____ de cambio.
10. Compran las revistas en ese _____ de revistas.
11. *avenue* en español
12. cuarto
14. mamá
16. Este hotel no tiene _____ de habitación.

18. ¿Desean dos camas chicas o una cama _____ ?
21. No es feo; es muy _____ .
23. siete días
24. opuesto *(opposite)* de "nada"
25. ¿En qué _____ servirle?
27. *T.V. set,* en español
28. No viven aquí; están de _____ .
29. ¿Debemos pagar por _____ ?
30. Elena es mi _____ de clase.

VERTICAL

1. pequeño
3. Mi coche está en la zona de _____ .
6. padre
8. No está cerca; está muy _____ .
9. No está a la izquierda; está a la _____ .
11. *hug,* en español
13. Deseo una habitación con _____ a la calle.

15. opuesto de "fea"
17. No es caro; es muy _____ .
19. Necesito la _____ para abrir la puerta.
20. No están en un hotel; están en una _____ .
22. "piscina" en México
25. diario
26. Debe _____ el registro.

Lesson 6

En una agencia de viajes en México

Marta va a la agencia de viajes porque quiere viajar a Buenos Aires la semana próxima.

AGENTE —Buenos días, señorita. Tome asiento. ¿En qué puedo servirle?

MARTA —Quiero un pasaje de ida y vuelta a Buenos Aires. ¿Cuándo hay vuelos?

AGENTE —Los lunes y viernes. ¿Quiere un pasaje de primera clase?

MARTA —No, de turista. ¿A qué hora son los vuelos?

AGENTE —No recuerdo... voy a ver... Ah, los lunes y los viernes a las diez...

MARTA —Yo puedo viajar el viernes... ¿Con cuánta anticipación hay que reservar el pasaje?

AGENTE —Hoy mismo, si puede, porque en el verano la gente[1] viaja mucho.

MARTA —Bueno, ¿cuánto cuesta un billete de turista?

AGENTE —Cuesta quinientos mil pesos.

MARTA —¿Puedo hacer escala en Río de Janeiro?

AGENTE —Sí, señorita. ¿Va a viajar el viernes?

MARTA —Sí. ¿Necesito algún documento para viajar a Buenos Aires?

AGENTE —Sí, necesita un pasaporte y la visa para Argentina.

MARTA —¿Nada más? Muy bien. Yo tengo mi pasaporte en regla. ¿Cuándo tengo que confirmar la reservación?

AGENTE —¿Qué fecha es hoy? ¿El dos de mayo? El jueves cuatro...

MARTA —Pasado mañana. Muy bien. ¿Puedo reservar el asiento hoy?

AGENTE —Sí, o en el aeropuerto, antes de subir al avión.

MARTA —¿Cuánto peso puedo llevar?

AGENTE —El peso del equipaje ya no importa. Puede llevar dos maletas.

Hoy es viernes. Marta está en el aeropuerto, y habla con el empleado de la aerolínea.

MARTA —Tengo tres maletas y un bolso de mano. ¿Tengo que pagar exceso de equipaje?

EMPLEADO —Sí, señorita. Seis mil pesos.

MARTA —¿Puedo llevar el bolso conmigo?

EMPLEADO —Sí, señorita. Aquí tiene los comprobantes para sus maletas.

MARTA —Gracias. ¿Cuál es la puerta de salida?

EMPLEADO —La puerta número seis. ¡Buen viaje!

En la puerta número seis:

"Última llamada. Pasajeros para el vuelo 304 a Buenos Aires, favor de subir al avión."

---

[1]The word **gente** is singular in Spanish.

At a Travel Agency in Mexico

Marta goes to the travel agency because she wants to travel to Buenos Aires next week.

AGENT: Good morning, miss. Have a seat. What can I do for you?
MARTA: I want a round-trip ticket to Buenos Aires. When are there flights?
AGENT: On Mondays and Fridays. Do you want a first class ticket?
MARTA: No, tourist. What time are the flights?
AGENT: I don't remember. . . . I'll see. . . . Oh, on Mondays and Fridays at ten . . .
MARTA: I can travel on Friday . . . How far in advance must one make reservations (reserve the ticket)?
AGENT: Today, if you can, because in the summer people travel a lot.
MARTA: Okay, how much does a tourist ticket cost?
AGENT: It costs 500,000 pesos.
MARTA: Can I make a stopover in Rio?
AGENT: Yes, miss. Are you going to travel on Friday?
MARTA: Yes. Do I need any documents to travel to Buenos Aires?
AGENT: Yes, you need a passport and the visa for Argentina.
MARTA: Nothing else? Fine. I have my passport in order. When do I have to confirm the reservation?
AGENT: What's the date today? May second? Thursday the fourth.
MARTA: The day after tomorrow. Very well. Can I reserve the seat today?
AGENT: Yes, or at the airport, before boarding the plane.
MARTA: How much weight am I allowed (can I take)?
AGENT: The weight of the luggage no longer matters. You can take two suitcases and a handbag.

Today is Friday. Marta is at the airport and talks with the airline clerk.

MARTA: I have three suitcases and a handbag. Do I have to pay excess luggage?
CLERK: Yes, miss. 6,000 pesos.
MARTA: May I take the handbag with me?
CLERK: Yes, miss. Here are the claim tickets for your suitcases.
MARTA: Thanks. Which is the boarding gate?
CLERK: Gate number six. Have a nice trip!

At gate number six:

"Last call. Passengers for flight 304 to Buenos Aires, please board the plane."

VOCABULARIO

COGNATES

el **aeropuerto**   airport
la **agencia**   agency
el (la) **agente**   agent
directo(a)   direct

el **documento**   document
el **pasaporte**   passport
la **visa**   visa

NOUNS

la **aerolínea**   airline
el **asiento**   seat
el **avión**   plane
el **bolso de mano**   handbag
el **comprobante**   claim check, claim ticket
la **fecha**   date
la **gente**   people

la **llamada**   call
el **pasaje, billete, boleto**   ticket
el (la) **pasajero(a)**   passenger
el **peso**   weight
la **puerta**   gate (*at the airport*)
la **salida**   exit
el **viaje**   travel, trip

VERBS

confirmar to confirm
costar (o〉ue) to cost
importar to matter
reservar to reserve
subir to board (*i.e. a plane*)
ver to see

ADJECTIVES

último(a) last (*in a series*)

OTHER WORDS AND EXPRESSIONS

a ver... let's see . . .
¡buen viaje! (have a) nice trip!
¿con cuánta anticipación? how far in advance?
de ida one way

de ida y vuelta round-trip
de primera clase first class
en regla in order
exceso de equipaje excess luggage
favor de please
hacer escala to make a stopover
hacer reservaciones make reservations
hoy mismo today, this very day
no importa it doesn't matter
pasado mañana the day after tomorrow
puerta de salida boarding gate
¿qué fecha es hoy? (¿a cuánto estamos hoy?) what's the date today?
si if
tome asiento have a seat
ya no... no longer . . .

¿CUÁL ES LA RESPUESTA?

Match the questions in column A with the corresponding answers in column B.

A		B
1. ¿Qué fecha es hoy?	...... a.	Los martes y sábados.
2. ¿En qué aerolínea viajas?	...... b.	No, la última.
3. ¿Dónde está el agente de viajes?	...... c.	El peso ya no importa.
4. ¿Quién tiene los comprobantes?	...... d.	Un pasaporte.
5. ¿Cuál es la puerta de salida?	...... e.	No, pasado mañana.
6. ¿Cuánto peso puedo llevar?	...... f.	En el aeropuerto.
7. ¿Qué debemos hacer?	...... g.	En Panamá.
8. ¿Qué documentos necesito para viajar?	...... h.	Sí, porque lleva 5 maletas.
9. ¿Cuánto cuesta el viaje?	...... i.	El 15 de enero.
10. ¿Va a reservar su pasaje hoy mismo?	...... j.	La puerta número 7.
11. ¿Dónde vamos a hacer escala?	...... k.	Seiscientos dólares.
12. ¿Es la primera llamada?	...... l.	Avianca.
13. ¿Debo pagar exceso de equipaje?	...... ll.	Mi hijo.
14. ¿Cuándo hay vuelos para Caracas?	...... m.	Subir al avión.

¡VAMOS A CONVERSAR!

A. **We want to know what is happening at the travel agency and at the airport. Tell us:**

1. ¿A dónde desea viajar Marta?

   ....

2. ¿Desea ella un pasaje de primera clase?

   ....

3. ¿A qué hora son los vuelos a Buenos Aires?

   ....

4. ¿Cuándo viaja mucho la gente?

   ....

5. ¿Dónde desea hacer escala Marta?

   ....

6. ¿Con cuánta anticipación debe hacer las reservaciones Marta?

   ....

7. ¿Qué documentos necesita Marta para viajar?

   ....

8. ¿Dónde puede Marta reservar el asiento?

   ....

9. ¿Por qué debe pagar exceso de equipaje Marta?

   ....

10. ¿Qué deben hacer los pasajeros del vuelo 304 a Buenos Aires?

    ....

B. **Divide into groups of two and ask each other the following questions, using the *tú* form:**

Pregúntele a su compañero(a) de clase...

1. . . . . . a dónde desea viajar.
2. . . . . . si va a viajar en el verano.
3. . . . . . si prefiere viajar en primera clase o clase turista.
4. . . . . . si cuando viaja prefiere hacer escala o viajar directo.
5. . . . . . con cuánta anticipación reserva su pasaje cuando viaja.
6. . . . . . dónde compra los pasajes cuando viaja.

7. ..... cuántas maletas lleva cuando viaja.
8. ..... si tiene su pasaporte en regla.
9. ..... si sabe cuánto cuesta un pasaje a México.
10. ..... si necesita visa para viajar a Colombia.
11. ..... si necesita algún documento para viajar de Miami a Texas.
10. ..... si sabe qué fecha es hoy.

¿QUÉ DICE...?

We can hear what Roberto is saying, but we can't hear Juan. Give his side of the conversation.

Roberto y Juan hablan de su viaje a Lima.

ROBERTO—¿Cuándo hay vuelos para Lima?

JUAN —...

ROBERTO—No podemos viajar el jueves. Tenemos que viajar el sábado.

JUAN —...

ROBERTO—Creo que hay que hacer la reservación con una semana de anticipación.

JUAN —...

ROBERTO—No, hoy no puedo ir a la agencia de viajes. Tengo que estudiar.

JUAN —...

ROBERTO—Sí, tengo mi pasaporte pero no tengo la visa.

JUAN —...

ROBERTO—Voy a llevar cuatro maletas.

JUAN —...

ROBERTO—¡¿Tengo que pagar exceso de equipaje?! Entonces llevo sólo un bolso de mano....

JUAN —...

¿QUÉ PASA AQUÍ?

What is going on? What are these people doing and saying? Can you tell us, based on what you see in the drawings?

A.

A. 1. ¿Qué fecha es hoy?

....

2. ¿Cuándo tiene que confirmar el pasaje Héctor?

....

3. ¿Cuántos pasajes compra Héctor?

....

4. ¿Héctor reserva el asiento en el aeropuerto o en la agencia?

....

5. ¿Qué días hay vuelos a Colombia?

....

6. ¿A qué ciudad quiere viajar Sara?

....

7. ¿A qué hora hay vuelos a Bogotá?

....

8. ¿Cuántos pasajes compra Sara?

....

9. ¿Sara compra un pasaje de ida o de ida y vuelta?

....

10. ¿Pepe quiere hacer escala o prefiere un vuelo directo?

....

11. ¿Dónde hace escala el avión?

....

12. ¿Compra Pepe un billete de clase turista?

....

B. 1. ¿En qué piso está Luisa?

....

2. ¿Qué día es hoy?

....

3. ¿Cuántos aviones hay?

....

4. ¿Cuántas maletas tiene Luisa?

....

5. ¿Tiene que pagar exceso de equipaje? ¿Por qué?

....

6. ¿Cuál es la puerta de salida?

....

SITUACIONES

What would you say in the following situations?

1. You are at a travel agency. Find out how much a first class, round-trip ticket to Rio de Janeiro costs. Find out also when there are flights to Rio and what documents you need to travel to that city.
2. Tell the travel agent that you have to fly to Cuba the day after tomorrow. Ask him if there are flights to Cuba every day.
3. You work for an airline. Give a passenger the claim checks for his luggage. Tell him that his flight number is 407, at nine o'clock. Wish him a nice trip.

4. You are a travel agent. Tell the customer that there are flights to New York every day except on Wednesdays. Tell her also that she must make reservations today because many people travel in the summer.

5. You work at the airport. Tell the passengers for flight number 609 to Barcelona to please board the plane. Tell them this is the last call.

Y AHORA, ¿QUÉ?

Act out the following situations with a classmate:

1. A traveler talks to a travel agent and gets information on flights to Costa Rica.
2. Two friends plan a trip to a foreign country.

UNA ACTIVIDAD

1. Three or four travel agencies will be set up in the classroom, each with two clerks (students will select names for agencies and provide any necessary props). The rest of the students will play the roles of travelers. They will ask questions about prices, documents needed, flights, schedules, baggage restrictions, reservations, confirmations, etc.

2. Students will play the roles of passengers at the airport. Eight students will be flight personnel for four different airlines. Deal with luggage, flight numbers, seat numbers, gates, etc. The passengers will gather in waiting areas to await their flight call (either a student or the instructor can call the flights) before proceeding to the appropriate gates.

READING FOR CONTENT

¡Vamos a leer el diario!

HORÓSCOPO

Capricornio (22 de diciembre — 19 de enero)
No debe gastar° mucho dinero ahora.   **gastar** to spend
Acuario (20 de enero — 18 de febrero)
Buenas posibilidades para usted.
Piscis (19 de febrero — 20 de marzo)
La cooperación es importante.
Aries (21 de marzo — 19 de abril)
La semana es muy buena para usted.
Tauro (20 de abril — 20 de mayo)
No debe viajar ahora.
Géminis (21 de mayo — 20 de junio)
Su situación económica va a mejorar.°   **mejorar** to improve
Cáncer (21 de junio — 22 de julio)
Buena época° para firmar un contrato.   **época** time
Leo (23 de julio — 22 de agosto)
Sus problemas económicos van a desaparecer.°   **desaparecer** to disappear
Virgo (23 de agosto — 22 de septiembre)
No debe trabajar mucho ahora.

Libra (23 de septiembre — 22 de octubre)
Buena época para hacer compras.
Escorpión (23 de octubre — 21 de noviembre)
Debe descansar° más.
Sagitario (22 de noviembre — 21 de diciembre)
Debe prestar más atención° a su familia.

descansar   to rest

prestar atención   to pay attention

¿VERDADERO O FALSO?

Read each statement and write V or F according to the horoscope.

1. Elena es del signo de Capricornio. Es una buena semana para hacer muchas compras. _____
2. Gustavo es del signo de Tauro. Es una buena época para visitar Europa. _____
3. Hugo es del signo de Escorpión. No debe trabajar mucho ahora. _____
4. Lola es del signo de Sagitario. Debe prestar menos atención a sus padres. _____
5. Mario es del signo de Piscis. Para mejorar su situación, debe aprender a cooperar más. _____
6. Paco es del signo de Acuario. No es una buena semana para él. _____
7. Olga es del signo de Cáncer. No debe firmar nada ahora. _____
8. Yolanda es del signo de Géminis. Va a recibir dinero. _____
9. Ana es del signo de Virgo. Debe descansar más. _____
10. Pedro es del signo de Leo. Su situación económica va a mejorar. _____
11. Antonio es del signo de Libra. Es una buena semana para gastar dinero. _____
12. Luis es del signo de Aries. Sus problemas van a desaparecer. _____

Lesson 7

¡A Buenos Aires!

Marta sube al avión y la auxiliar de vuelo la lleva a su asiento, que está al lado de la ventanilla. Va a ser un vuelo largo, y Marta piensa: "Por suerte traigo una buena novela. Puedo terminarla durante el viaje."

AUXILIAR DE VUELO	—Vamos a despegar dentro de unos minutos. Favor de abrocharse el cinturón de seguridad y no fumar.
MARTA	—*(A su compañero de asiento)* ¿Sabe Ud. cuánto tiempo dura el vuelo?
SEÑOR	—No sé... unas quince horas...
MARTA	—Supongo que van a pasar alguna película.
SEÑOR	—Sí, después de la cena.[1]
LA VOZ DEL CAPITÁN	—Bienvenidos al vuelo trescientos cuatro con destino a Buenos Aires. Vamos a volar a una altura de treinta mil pies. Llegamos a Panamá a las seis de la tarde.

Después de salir de Panamá, los auxiliares de vuelo sirven la cena.

AUXILIAR DE VUELO	—*(Al señor)* Perdón, señor. ¿Desea tomar café, té o leche?
SEÑOR	—Una taza de café, por favor.
AUXILIAR DE VUELO	—*(A Marta)* ¿Y usted, señorita?
MARTA	—Jugo de naranja. No... jugo de tomate, por favor.

La auxiliar de vuelo trae las bandejas y las pone en las mesitas de los asientos.

SEÑOR	—¿Conoce Ud. Buenos Aires, señorita?
MARTA	—No, no conozco Buenos Aires. Dicen que es una ciudad muy hermosa.
SEÑOR	—Es verdad. ¿Conoce Ud. a alguien en Buenos Aires?
MARTA	—Sí, conozco a una muchacha de allí, pero no sé dónde vive.
SEÑOR	—Estoy un poco mareado...
MARTA	—Hay turbulencia. ¿Quiere una pastilla para el mareo?
SEÑOR	—Sí, por favor.

Horas después, el avión aterriza en el aeropuerto internacional de Buenos Aires. Después de pasar por la oficina de inmigración, Marta va a la aduana, donde hace cola.

INSPECTOR	—*(A Marta)* ¿Cuáles son sus maletas, señorita? Debe abrirlas.

Marta las abre y el inspector las revisa.

INSPECTOR	—¿Tiene algo que declarar?
MARTA	—Una cámara fotográfica y una grabadora. Eso es todo.
INSPECTOR	—Muy bien, señorita. Bienvenida a Buenos Aires.

---

[1]The definite article is used before the words **desayuno, almuerzo,** and **cena.**

* * *

To Buenos Aires!

Marta boards the plane and the flight attendant takes her to her seat, which is next to the window. It's going to be a long flight, and Marta thinks: "Fortunately, I have (I'm bringing) a good novel with me. I can finish it during the trip."

FLIGHT ATTENDANT: We are going to take off in a few minutes. Please fasten your seat belts and (observe the) no smoking (sign).
MARTA: *(To a gentleman sitting next to her)* Do you know how long the flight lasts?
GENTLEMAN: I don't know . . . about fifteen hours . . .
MARTA: I suppose they are going to show a movie . . .
GENTLEMAN: Yes, after dinner.
THE CAPTAIN'S VOICE: Welcome to flight 304 (with destination) to Buenos Aires. We are going to fly at an altitude of thirty thousand feet. We will be arriving in Panama at 6 P.M.

After leaving Panama, the flight attendants serve dinner.

FLIGHT ATTENDANT: *(To the gentleman)* Excuse me, sir. Will you have coffee, tea or milk?
GENTLEMAN: A cup of coffee, please.
FLIGHT ATTENDANT: *(To Marta)* And you, miss?
MARTA: Orange juice. No . . . tomato juice, please.

The flight attendant brings the trays and puts them on the lap tables.

GENTLEMAN: Have you been to (Do you know) Buenos Aires, miss?
MARTA: No, I haven't been to (I don't know) Buenos Aires. They say (that) it is a very beautiful city.
GENTLEMAN: It's true. Do you know anybody in Buenos Aires?
MARTA: Yes, I know a girl from there, but I don't know where she lives.
GENTLEMAN: I'm a little dizzy (air sick) . . .
MARTA: There is (some) turbulence. Do you want a pill for the dizziness?
GENTLEMAN: Yes, please.

Hours later the plane lands in the Buenos Aires International Airport. After going through immigration, Marta heads towards the customs office, where she stands in line.

INSPECTOR: Do you have anything to declare?
MARTA: A camera and a tape recorder. That's all.
INSPECTOR: Very well, miss. Welcome to Buenos Aires.

VOCABULARIO

COGNATES

el **capitán** captain
la **inmigración** immigration
la **novela** novel
la **turbulencia** turbulence

NOUNS

la **aduana** customs
la **altura** height
el (la) **auxiliar de vuelo**[1] flight attendant
la **bandeja** tray
la **cámara fotográfica** camera
la **grabadora** tape recorder

la **hora** hour
el **jugo** juice
el **jugo de naranja** orange juice
el **jugo de tomate** tomato juice
la **leche** milk
el **mareo** dizziness, seasickness, airsickness
la **mesita** lap table

---

[1]A female flight attendant is also called **azafata**.

la **pastilla**   pill
la **película**   movie, film
el **pie**   foot
la **ventanilla**   window (*of a plane, car, bus,*
   or *train*)
la **voz**   voice

VERBS

aterrizar   to land (*a plane*)
declarar   to declare
despegar   to take off (*a plane*)
durar   to last
pasar (por)   to go through
revisar   to check
suponer   to suppose
terminar   to finish, to end

ADJECTIVES

hermoso(a)   beautiful
largo(a)   long
mareado(a)   dizzy, seasick, airsick

OTHER WORDS AND EXPRESSIONS

al lado de   next to
bienvenido(a) a...   welcome to . . .
con destino a...   with destination to . . .
¿cuáles?   which (*pl.*)?
cualquier cosa   anything
dentro de   in, within
después de   after
durante   during
es verdad   it's true
eso es todo   that's all
**favor de abrocharse el cinturón de
   seguridad**   please fasten your seat belts
hacer cola   to stand in line
no fumar   no smoking
pasar una película   to show a movie
perdón   excuse me, pardon me
por suerte   luckily
tener algo que declarar   to have something
   to declare
unas...   about . . .

¿CUÁL ES LA RESPUESTA?

Match the questions in column A with the answers in column B.

A

1. ¿Tiene algo que declarar?

2. ¿Quiere jugo de naranja?

3. ¿Cuándo va a despegar el avión?

4. ¿Para qué es la pastilla?

5. ¿Cuánto tiempo dura la película?

6. ¿El avión va a aterrizar?

7. ¿Cómo es ella?

8. ¿Qué película van a pasar?

9. ¿Dónde está ella?

10. ¿Qué quieres leer?

11. ¿Quién sirve la comida?

12. ¿Dónde está la bandeja?

B

...... a.   Dentro de quince minutos.

...... b.   Unas dos horas.

...... c.   *Tootsie.*

...... d.   Supongo que sí.

...... e.   No, dura una hora.

...... f.   Durante el viaje.

...... g.   Al lado de la ventanilla.

...... h.   A treinta mil pies.

...... i.   No, prefiere beber leche.

...... j.   Sí, por suerte.

...... k.   La auxiliar de vuelo.

...... l.   Después de la cena.

13. ¿Es un viaje largo? ...... ll. Sí, favor de abrocharse el cinturón de seguridad y no fumar.

14. ¿Tenemos que pasar por la aduana? ...... m. El inspector.

15. ¿A qué hora termina la película? ...... n. Muy hermosa.

16. ¿Cuándo vas a leer la novela? ...... o. A las doce.

17. ¿A qué altura va a volar el avión? ...... p. Sí, una cámara fotográfica y una grabadora. Eso es todo.

18. ¿Cuándo vas a tomar el café? ...... q. En la mesita.

19. ¿Tienes suficiente dinero? ...... r. Una buena novela.

20. ¿Quién va a revisar las maletas? ...... s. Para el mareo. Estoy muy mareado.

¡VAMOS A CONVERSAR!

A. **Answer the following questions about the dialogue. Use complete sentences.**

1. ¿Quién lleva a Marta a su asiento?

....

2. ¿Cuándo piensa leer Marta su novela?

....

3. ¿Cuándo van a pasar una película?

....

4. ¿A qué altura va a volar el avión?

....

5. ¿A qué hora llegan a Panamá?

....

6. ¿Quiénes sirven la cena?

....

7. ¿Qué desea tomar el compañero de asiento de Marta?

....

8. ¿Qué decide tomar Marta?

....

9. ¿Dónde pone la auxiliar de vuelo las bandejas?

....

10. ¿Marta conoce a alguien en Buenos Aires?

....

11. ¿Por qué necesita el señor una pastilla para el mareo?

....

12. ¿Qué declara Marta en la aduana?

....

B. Now answer the following personal questions.

1. ¿Sabe Ud. cuánto dura el vuelo de Nueva York a Los Ángeles?

....

2. ¿Sabe Ud. a qué altura vuela generalmente un avión 747?

....

3. Cuando Ud. viaja en avión, ¿tiene miedo si hay turbulencia?

....

4. ¿Tiene Ud. miedo cuando el avión despega o aterriza?

....

5. Cuando Ud. viaja, ¿toma pastillas para el mareo?

....

6. ¿Lleva Ud. una cámara fotográfica cuando viaja?

....

7. ¿Sabe Ud. quién revisa el equipaje en la aduana?

....

8. ¿Cuál cree Ud. que es la ciudad más hermosa de los Estados Unidos?

....

....

9. Hoy pasan una buena película en el cine *Universal.* ¿Quiere verla?

....

10. ¿A qué hora termina la clase de español?

....

¿QUÉ DICE...?

Using your imagination and the vocabulary learned in this lesson, complete the missing lines of these dialogues.

A. *En el avión:*

AZAFATA —...

PASAJERO —No, gracias. No tomo café.

AZAFATA —...

PASAJERO —Jugo de tomate, por favor.

AZAFATA —...

PASAJERO —Sí, por favor, porque no tengo nada para leer.

B. *En la aduana:*

INSPECTOR —...

PASAJERO — Una grabadora y dos botellas de tequila. Eso es todo.

INSPECTOR —...

PASAJERO — Las dos maletas negras, señor.

INSPECTOR —...

¿QUÉ PASA AQUÍ?

Answer the following questions according to the pictures on page 65.

A. 1. ¿A qué altura vuela el avión?

....

2. ¿Dónde está Luis? ¿Qué hace?

....

....

3. ¿Qué hace Dora?

....

4. ¿Qué trae la auxiliar de vuelo en la bandeja?

....

5. ¿A quién llama Hugo?

....

64

6. ¿Qué necesita Hugo? ¿Por qué?

....

....

7. ¿Cree Ud. que hay turbulencia? ¿Por qué?

....

....

8. ¿Qué película pasan en el avión?

....

9. ¿Es Sara vegetariana?

....

10. ¿Qué trae el auxiliar de vuelo?

....

B. 1. ¿En qué aeropuerto están los pasajeros?

....

2. ¿Dónde hacen cola?

....

3. ¿Qué hace el inspector?

....

4. ¿Tiene Pedro algo que declarar? ¿Qué?

....

....

5. ¿Tiene José algo que declarar?

....

6. ¿Quién tiene una grabadora que declarar?

....

7. ¿Cuántos pasajeros hay en la cola?

....

SITUACIONES

What would you say in the following situations?

1. You are a flight attendant. Tell a passenger you're bringing tomato juice, and you are going to put it on the tray table.
2. You are a passenger. Ask a flight attendant how long the flight to Mexico lasts. Tell him also you want some magazines or a newspaper because you want to read during the trip.
3. You are the captain. Tell the passengers who you are and welcome them to flight 102 (with destination) to New Jersey.
4. You are the flight attendant. Tell the passengers to please fasten their seat belts and not to smoke. Tell them also you'll be arriving in Caracas in twenty minutes.
5. You are a customs inspector. Ask a passenger which suitcases are his, and ask him if he has anything to declare. He tells you. Ask him if that's all.
6. Someone says your hometown is the best in the U.S. Tell her that it is true.
7. Your friend has nothing to read. Tell her that, fortunately, you brought two novels with you.

Y AHORA, ¿QUÉ?

Act out the following situations with a classmate:

1. Two people are traveling on a plane — one is a little dizzy and very nervous.
2. A flight attendant is serving food and drinks and speaking with a passenger.
3. A customs inspector questions a passenger.

UNA ACTIVIDAD

1. The Spanish classroom is turned into a plane. Four or five students play the roles of flight attendants. They welcome everybody aboard and take them to their seats. The passengers are told the plane is going to take off, to fasten their seat belts, and to observe the no smoking sign. One student plays the role of captain. The flight attendants serve dinner. The passengers talk to the people sitting next to them. The instructor could show slides of the place they are going to visit. Students should ask questions. If possible, newspapers and magazines in Spanish should be provided.
2. The plane lands and the passengers go through customs. Four or five students will play the roles of customs inspectors. Students provide the necessary props (bags, tape recorders, cigarettes, cameras, etc.).

Lesson 8

En la peluquería y en la barbería

Jorge Casas pide turno en la barbería, y su hermana Rita pide turno en el salón de belleza. A las diez menos cuarto de la mañana, ambos salen del hotel. Jorge dobla a la derecha y Rita dobla a la izquierda. Rita entra en la peluquería.

Rita y la peluquera:

RITA —Tengo turno para las diez. Corte de pelo, lavado y peinado.

PELUQUERA —En seguida la atiendo, señora. ¿Quiere leer una de estas revistas mientras espera?

RITA —No, gracias. Voy a leer ese periódico.

PELUQUERA —Muy bien, señora.

Al rato:

PELUQUERA —Señora Casas, voy a lavarle la cabeza primero. Después voy a cortarle el pelo. ¿Lo quiere muy corto?

RITA —Sí, ahora no está de moda el pelo largo. ¿Puede rizármelo un poco con el rizador?

PELUQUERA —Sí, cómo no. ¿No quiere una permanente?

RITA —No, eso lleva mucho tiempo.

PELUQUERA —Muy bien. Están sirviendo café. ¿Quiere una taza?

RITA —No, gracias. Ah, veo que venden pelucas. ¿Cuánto cuestan?

PELUQUERA —De treinta a cien dólares. Señora, ¿usa Ud. la raya de este lado o del otro?

RITA —No tengo raya, pero quiero flequillo, por favor.

La peluquera termina de cortarle el pelo, y la pone debajo del secador. Le pregunta si está muy caliente, y Rita le dice que no. Mientras tanto, Jorge está en la barbería, leyendo y esperando su turno. Por fin le toca a él.

BARBERO —¿Señor Casas?

JORGE —Ah, ¿me toca a mí? ¡Por fin!

BARBERO —Tiene el pelo muy largo. ¿Se lo corto detrás de las orejas?

JORGE —Sólo quiero un recorte... acá arriba y a los costados, por favor.

BARBERO —¿Y las patillas? ¿Se las dejo como están?

JORGE —Sí, por favor. ¿Puede recortarme un poco el bigote y afeitarme?

BARBERO —Sí, no hay problema. ¡Caramba! Ud. tiene mucha caspa.

JORGE —¿Tiene Ud. algún champú especial?

BARBERO —Sí, señor. El champú "Anticaspa" es muy bueno.

JORGE —Gracias. Lo voy a probar. ¿Es aquél?

BARBERO —Sí, señor. Puedo vendérselo a precio de costo.

* * *

At the Beauty Parlor and at the Barbershop

Jorge Casas makes an appointment at the barbershop, and his sister Rita makes an appointment at the beauty parlor. At 9:45 A.M. they both leave the hotel. Jorge turns right and Rita turns left. Minutes later, Rita enters the beauty parlor.

Rita and the hairdresser:

RITA: I have an appointment for ten o'clock. Haircut, shampoo, and set.
HAIRDRESSER: I'll be right with you. Do you want to read one of these magazines while you're waiting?
RITA: No, thanks. I'm going to read this paper.
HAIRDRESSER: Very well, madam.

Later:

HAIRDRESSER: Mrs. Casas, I'm going to wash your hair first. Then I'm going to cut your hair. Do you want it very short?
RITA: Yes, long hair is not in style. Can you curl it a little with the curler?
HAIRDRESSER: Yes, sure. Don't you want a permanent?
RITA: No, that takes too long.
HAIRDRESSER: Fine. They're serving coffee. Do you want a cup?
RITA: No, thank you. Oh, I see you sell wigs. How much do they cost?
HAIRDRESSER: From thirty to a hundred dollars. Madam, do you part your hair (have your part) on this side or the other one?
RITA: I don't have a part, but I want bangs, please.

The hairdresser finishes cutting her hair and puts her under the dryer. She asks her if it's too hot and Rita says no. In the meantime, Jorge is at the barbershop, reading and waiting for his turn. At last it is his turn.

BARBER: Mr. Casas?
JORGE: Oh, is it my turn? Finally!
BARBER: Your hair is very long. Shall I cut it behind your ears?
JORGE: I only want a trim . . . up here and on the sides, please.
BARBER: And the sideburns? Shall I leave them as they are?
JORGE: Yes, please. Can you trim my moustache and shave me, please?
BARBER: Yes, no problem. Gee! You have a lot of dandruff.
JORGE: Do you have any special shampoo?
BARBER: Yes, sir. "Anticaspa" shampoo is very good.
JORGE: Thanks. I'm going to try it. Is it that one?
BARBER: Yes, sir. I can sell it to you at cost.

VOCABULARIO

COGNATES

el **champú** shampoo	la **permanente** permanent
especial special	el **turno** turn

NOUNS

la **barbería** barbershop	el **lavado** shampoo, washing
el **bigote** moustache	la **oreja** ear
la **cabeza** head	la **patilla** sideburn
la **caspa** dandruff	el **peinado** set, hairdo
el **corte de pelo** haircut	el **pelo, cabello** hair
el **flequillo** bangs	la **peluca** wig
el **lado** side	el (la) **peluquero(a)** hairdresser

la **raya**   part
el **recorte**   trim
el **rizador**   curler
el **salón de belleza,** la **peluquería**   beauty
  parlor
el **secador**   dryer
el **tiempo**   time

VERBS

afeitar   to shave
atender (e>ie)   to wait on
cortar   to cut
dejar   to leave
doblar   to turn
entrar   to enter, to go in
lavar   to wash
probar (o>ue)   to try
recortar   to trim
rizar   to curl
usar   to use

ADJECTIVES

corto(a)   short

OTHER WORDS AND EXPRESSIONS

a la izquierda   to the left
a los costados   at the sides
a precio de costo, al costo   at cost
acá arriba   up here
ambos(as)   both
¡caramba!   gee!
debajo de   under
decir que no (sí)   to say no (yes)
detrás de   behind
en seguida   right away
estar de moda   to be in style
lavarle la cabeza a alguien   to wash
  someone's hair
llevar mucho tiempo   to take a long time
mientras   while
mientras tanto   in the meantime
pedir turno   to make (ask for) an
  appointment
por fin   finally, at last
tocarle a uno   to be one's turn

¿CUÁL ES LA RESPUESTA?

Match the questions in column A with the corresponding answers in column B.

	A		**B**
1.	¿Tiene caspa?	...... a.	No, en la barbería.
2.	¿Usa Ud. la raya de este lado?	...... b.	En el salón de belleza.
3.	¿A qué hora tiene turno?	...... c.	No, las patillas.
4.	¿Están ellos en la peluquería?	...... d.	Sí, en seguida.
5.	¿Quién te va a afeitar?	...... e.	Sí, necesita un champú especial.
6.	¿Le corto acá arriba?	...... f.	No, a los costados.
7.	¿Dónde se lava la cabeza Ud.?	...... g.	No, eso lleva mucho tiempo.
8.	¿Está de moda el pelo largo?	...... h.	No, del otro.
9.	¿Le recorto el bigote?	...... i.	No, al costo.
10.	¿Puede atenderme ahora?	...... j.	No, el pelo corto.
11.	¿Quiere una permanente?	...... k.	A las tres y media.
12.	¿Son muy caras las pelucas aquí?	...... l.	El barbero.

¡VAMOS A CONVERSAR!

A. **We want to know what is happening at the beauty salon and at the barbershop. Tell us.**

1. ¿Para dónde piden turno Jorge y Rita?

....

2. Cuando ambos salen del hotel, ¿Jorge dobla a la derecha o a la izquierda?

....

3. ¿A dónde entra Rita?

....

4. ¿Para qué tiene turno Rita?

....

5. ¿Qué va a hacer Rita mientras espera?

....

6. ¿Por qué no quiere Rita una permanente?

....

7. ¿Cuánto cuestan las pelucas?

....

8. ¿Desea Rita el pelo corto? ¿Por qué?

....

11. ¿Usa raya Rita?

....

12. ¿Dónde ponen a Rita después de cortarle el pelo?

....

13. ¿Dónde quiere Jorge un recorte?

....

14. ¿Qué más desea Jorge?

....

15. ¿Qué champú va a probar Jorge?

....

16. ¿Venden muy caro el champú en la barbería?

....

B. **Divide into groups of two and ask each other the following questions, using the *tú* form.**

Pregúntele a su compañero(a) de clase...

1. ..... si tiene turno en la peluquería (barbería) para hoy.
2. ..... si se lava la cabeza en la peluquería o en su casa.
3. ..... si prefiere el pelo largo o el pelo corto.
4. ..... si usa raya, ¿a qué lado?
5. ..... qué champú usa.
6. ..... si necesita un corte de pelo (lavado) (peinado).
7. ..... si tiene secador en su casa.
8. ..... si para ir al laboratorio de lenguas debe doblar a la derecha o a la izquieda.
9. ..... si toma café.
10. ..... si lee el periódico por la mañana.

¿QUÉ DICE...?

A. **We can hear what *the hairdresser* is saying, but we can't hear Carmen. Give her side of the conversation.**

En el salón de belleza:

PELUQUERO —¿Quiere el pelo muy corto?

CARMEN —..

PELUQUERO —Sí, ahora está de moda el pelo corto. ¿Quiere una permanente?

CARMEN —..

PELUQUERO —Sí, ¡cómo no! Puedo rizárselo con el rizador.

CARMEN —..

PELUQUERO —Esta peluca negra cuesta ochenta dólares, y aquella peluca rubia cuesta cien dólares.

B. **Now we can hear *the barber,* but we can't hear Carlos. Give his side of the conversation.**

En la barbería:

CARLOS —..

BARBERO —Sí, puedo afeitarlo, y si quiere, puedo recortarle un poco el bigote.

CARLOS —..

BARBERO —Sí, veo que tiene mucha caspa.

CARLOS —..

BARBERO —Sí, hay muchos champús especiales.   El "Anticaspa" es el mejor.

CARLOS —...

BARBERO —Cinco dólares.   Se lo vendo a precio de costo.

¿QUÉ PASA AQUÍ?

What is going on?   What are the people in the pictures on page 75 doing and saying?   Can you tell us?

A.   1. ¿Con quién va Lola a la peluquería?

....

2. ¿A qué peluquería van?

....

3. ¿Cree Ud. que es invierno o verano?

....

B.   1. ¿Qué hace Ana?

....

2. ¿Qué hace Rita?

....

3. ¿Qué esperan ambas?

....

C.   1. ¿Dónde está Olga?

....

2. ¿Qué quiere Olga?

....

3. ¿Tiene Olga el pelo muy corto?

....

D.   1. ¿Ada prefiere el pelo largo o el pelo corto?

....

2. ¿Quiere flequillo o no?

....

3. ¿Cómo tiene Ada el pelo ahora?

....

E. 1. ¿Qué le está haciendo el peluquero a Nora?

....

2. Nora tiene caspa. ¿Qué champú cree Ud. que está usando el peluquero?

....

F. 1. ¿Dónde está la señora Vega?

....

2. ¿Qué está leyendo?

....

G. 1. ¿Qué hace Marta?

....

2. ¿Cuánto paga Marta por el peinado?

....

3. ¿Cree Ud. que es caro o barato?

....

H. 1. ¿Dónde está Héctor?

....

2. ¿Tiene Héctor el pelo muy largo?

....

3. ¿Qué cree Ud. que el barbero le va a recortar?

....

I. 1. ¿El barbero le está cortando el pelo a Roberto?

....

2. ¿Qué le está haciendo?

....

J. 1. ¿El barbero le está recortando el pelo a José?

....

2. ¿Qué le está recortando?

....

SITUACIONES

What would you say in the following situations?

1. Ask the barber if he can trim your hair behind the ears and "up here."
2. Ask the barber (the beautician) if it's your turn. Then exclaim, "finally."
3. You are the barber. Tell your customer he has a lot of dandruff (use an interjection). Tell him which shampoo he should use.
4. You are a customer going to a beauty salon. Tell the hairdresser you want a haircut, shampoo, and set.
5. You are a beautician. Tell your customer that you are going to put her under the dryer. Tell her that, in the meantime, she can read the paper.
6. Someone asks where your two sisters are. Tell him they're both at the beauty parlor.

Y AHORA, ¿QUÉ?

Act out the following situations with a classmate:

1. A beautician and a customer at the beauty parlor
2. A barber and a customer at the barbershop

UNA ACTIVIDAD

The classroom is turned into a hair salon for men and women. Two students will play the roles of receptionists. The rest of the students are beauticians, barbers, or customers. The customers will make appointments with the receptionist, telling the day, time, and what they want done. The receptionist will call each customer when his or her turn comes. Each customer then will discuss what he or she wants done. They will pay the receptionist as they go out. (The receptionist also sells wigs.) Students should provide the necessary props.

Lesson 9

Marta va de compras

Marta está en un hotel en Buenos Aires. Se despierta muy temprano. Se levanta, se ducha, se cepilla los dientes, se viste, se peina, se pone maquillaje, se pone los zapatos y sale. Las tiendas se abren a las nueve y Marta no quiere perder un minuto, porque hoy hay una liquidación en la tienda "París".

En una tienda de ropa para damas:

MARTA —Buenos días. ¿Cuánto cuesta ese vestido amarillo que está en la vidriera?

EMPLEADA —Doscientos australes,[1] señorita. ¿Quiere probárselo?

MARTA —¿Cuánto es eso en dólares? ¿A cómo está el cambio ahora?

EMPLEADA —No estoy segura, pero a ese precio es una ganga.

MARTA —Voy a probármelo. También quiero probarme esta falda blanca y esa blusa azul.

EMPLEADA —Muy bien, señorita. El probador está a la derecha. ¿Qué talla usa Ud.?

MARTA —Uso talla treinta y seis.

Marta se prueba el vestido amarillo y le queda un poco chico.

MARTA —El vestido me queda un poco chico...

EMPLEADA —Pruébese éste. Es talla treinta y ocho.

MARTA —*(Se lo prueba y se mira en el espejo.)* ¡Ah, sí! Me queda muy bien. ¡Me lo llevo! Y la falda y la blusa también.

Marta compra también un conjunto de pantalón y chaqueta, una cartera, un par de pantimedias, un camisón y ropa interior.

En la zapatería:

MARTA —Necesito un par de zapatos negros de vestir... y un par de sandalias blancas muy cómodas... para caminar.

EMPLEADO —Muy bien, señorita. ¿Qué número calza?

MARTA —Siete y medio, pero tráigame un par número ocho, por si acaso. Y esas botas.

Marta se prueba los zapatos. El siete y medio le aprieta un poco, pero el ocho le queda bien.

EMPLEADO —¿Se lleva los tres pares, señorita?

MARTA —Sí, ¿dónde pago?

EMPLEADO —Pague en la caja.

MARTA —Muy bien. Dígame, ¿cómo se va a la Avenida de Mayo desde aquí?

EMPLEADO —Vaya a la esquina y doble a la izquierda. Siga derecho por esa calle hasta llegar a la Calle Belgrano, y allí doble a la derecha. La Avenida de Mayo está a unas doce cuadras de aquí. ¡No me diga que va a ir a pie!

---

[1]Argentine currency.

MARTA	—No, creo que voy a tomar un taxi.
EMPLEADO	—*(Ve unos paquetes sobre el mostrador.)* ¡Señorita! ¡Espere! ¿Son suyos estos paquetes?
MARTA	—Sí, son míos. Gracias.

✳   ✳   ✳

Marta Goes Shopping

Marta is in a hotel in Buenos Aires. She wakes up very early. She gets up, showers, brushes her teeth, gets dressed, combs her hair, puts on some make up, puts on her shoes and leaves. The stores open at nine and Marta doesn't want to waste one minute, because today there is a sale at the "París" store.

At a ladies' clothing store:

MARTA:	Good morning. How much does that yellow dress in the window cost?
CLERK:	Two hundred *australes,* miss. Do you want to try it on?
MARTA:	How much is that in dollars? What's the rate of exchange now?
CLERK:	I'm not sure, but at that price it's a bargain.
MARTA:	I'm going to try it on. I also want to try on this white skirt and that blue blouse.
CLERK:	Very well, miss. The fitting room is on the right. What size do you wear?
MARTA:	I wear (a) size thirty-six.

Marta tries the yellow dress on and it's a little small on her.

MARTA:	The dress is a little small for me. . . .
CLERK:	Try this one on. It's a size thirty-eight.
MARTA:	*(She tries it on and looks in the mirror.)* Oh, yes! It fits me well. I'll take it! And the skirt and the blouse, too.

Marta also buys a pantsuit, a purse, a pair of pantyhose, a nightgown, and underwear.

At the shoe store:

MARTA:	I need a pair of dressy, black shoes . . . and a pair of very comfortable, white sandals . . . for walking.
CLERK:	Very well, miss. What size shoe do you wear?
MARTA:	Seven and a half, but bring me a pair in an eight, just in case. And those boots.

Marta tries the shoes on. The (size) seven and a half is a little tight on her, but the eight fits her fine.

CLERK:	Are you taking the three pairs, miss?
MARTA:	Yes, where do I pay?
CLERK:	At the cash register.
MARTA:	Very well. Tell me, how does one get to Avenida de Mayo from here?
CLERK:	Go to the corner, and turn left. Go straight ahead on that street until you arrive at Belgrano Street and turn right. Avenida de Mayo is about twelve blocks from here. Don't tell me you're going to go on foot!
MARTA:	No, I think I'm going to take a taxi.
CLERK:	*(He sees some packages on the counter.)* Miss! Wait! Are these packages yours?
MARTA:	Yes, they're mine. Thanks.

VOCABULARIO

COGNATES

el **par** pair
la **sandalia** sandal
el **taxi** taxi

NOUNS

la **bota** boot
la **caja** cash register
el **camisón** nightgown
la **cartera, bolsa** purse, handbag
el **conjunto** outfit
la **chaqueta** jacket
la **dama** lady
el **espejo** mirror
la **falda** skirt
la **ganga** bargain
la **liquidación** sale
el **maquillaje** makeup
el **mostrador** counter
la(s) **pantimedia(s)** pantyhose
el **paquete** package
el **probador** fitting room
la **ropa** clothes
la **ropa interior** underwear
la **ropa para damas** ladies' clothes
(clothing)
la **talla, medida** size
la **vidriera** store window
la **zapatería** shoe store
el **zapato** shoe

VERBS

apretar (e>ie) to squeeze, to be too tight
caminar to walk
cepillar(se) to brush

ducharse to take a shower
llevarse to take away
mirar(se) to look at (oneself)
peinar(se) to comb (one's hair)
quedar to fit
usar to wear

ADJECTIVES

amarillo(a) yellow
azul blue
cómodo(a) comfortable

OTHER WORDS AND EXPRESSIONS

¿a cómo está el cambio? what's the rate of
exchange?
a pie on foot
cepillarse los dientes to brush one's teeth
conjunto de pantalón y chaqueta pantsuit
de vestir dressy
desde from
estar seguro(a) to be sure
hasta llegar until you arrive
ir de compras to go shopping
por si acaso just in case
¿qué número calza? what size shoe do you
wear?
sobre on, on top of

¿CUÁL ES LA RESPUESTA?

Match the questions in column A with the answers in column B.

	A		B
1.	¿La chaqueta es azul?	...... a.	Con *Crest*.
2.	¿A cómo está el cambio?	...... b.	No, me aprietan.
3.	¿Van en coche?	...... c.	El treinta y seis.
4.	¿Con qué te cepillas los dientes?	...... d.	A la derecha.
5.	¿Te quedan bien los zapatos?	...... e.	Ropa para damas y ropa interior.

6. ¿Vas a comprar las sandalias?   ...... f.   No, a mirar vidrieras.

7. ¿No van a caminar?   ...... g.   El camisón rosado.   Es el más
                                                   cómodo.

8. ¿Qué talla usa Ud.?   ...... h.   No, a pie.

9. ¿Dónde vas a poner el dinero?   ...... i.   En el mostrador.

10. ¿Qué te vas a poner para dormir?   ...... j.   La falda blanca.

11. ¿Dónde está el probador?   ...... k.   No, vamos a tomar un taxi.

12. ¿Qué va a usar con la blusa roja?   ...... l.   No, amarilla.

13. ¿Qué venden en esa tienda?   ...... ll. No, no tengo tiempo.

14. ¿Dónde están los paquetes?   ...... m. No, las botas.

15. ¿Van a ir de compras?   ...... n.   En mi cartera.

16. ¿Para qué te miras en el espejo?   ...... o.   Creo que a dos australes por
                                                   dólar.   No estoy segura...

17. ¿No te vas a duchar?   ...... p.   En la caja.

18. ¿Dónde pago?   ...... q.   Para peinarme.

¡VAMOS A CONVERSAR!

A.   Answer the following questions about the dialogue.

1. ¿A qué hora se abren las tiendas?

   ....

2. ¿Cuánto cuesta el vestido amarillo que está en la vidriera?

   ....

3. ¿Dónde está el probador?

   ....

4. ¿Le queda bien el vestido amarillo a Marta?

   ....

5. ¿Qué número dice Marta que calza?

   ....

6. ¿Le queda bien el siete y medio o le aprieta?

   ....

7. ¿Dónde paga Marta?

....

8. ¿A cuántas cuadras está la Avenida de Mayo de la tienda?

....

9. ¿Marta va a la Avenida de Mayo en coche o a pie?

....

10. ¿De quién son los paquetes que están en el mostrador?

....

B. Now answer the following personal questions.

1. ¿A qué hora te despiertas generalmente?

....

2. ¿Te duchas antes de acostarte o cuando te levantas?

....

3. ¿Cuántas veces al día te cepillas los dientes?

....

4. ¿Usas maquillaje?

....

5. ¿A qué hora se abren las tiendas en la ciudad donde vives?

....

6. ¿Te miras en el espejo para peinarte?

....

7. ¿Prefieres usar sandalias, botas o zapatos?

....

8. ¿Qué número calzas?

....

9. ¿Qué talla usas?

....

10. Mis zapatos cuestan cuarenta dólares. ¿Cuánto cuestan los tuyos?

....

DIALOGUE COMPLETION

Using your imagination and the vocabulary learned in this lesson, complete the missing lines of these dialogues.

A. *En la tienda de ropa para damas:*

EMPLEADO —¿En qué puedo servirle, señora?

SEÑORA —...

EMPLEADO —El conjunto de pantalón y chaqueta azul cuesta noventa dólares.

SEÑORA —...

EMPLEADO —Sí, cómo no; puede probárselo.

SEÑORA —...

EMPLEADO —El probador está a la derecha.

SEÑORA —...

EMPLEADO —¿Le queda chico? Bueno, aquí tiene uno de talla cuarenta y dos.

SEÑORA —*(Después de probárselo)* ....

EMPLEADO —Pague en la caja. ¡Ah, señora! ¿Son suyos estos paquetes que están sobre el mostrador?

SEÑORA —...

B. *En la zapatería:*

EMPLEADO —...

SEÑOR —Quiero un par de zapatos negros de vestir.

EMPLEADO —...

SEÑOR —El diez y medio.

EMPLEADO —...

SEÑOR —No, no me quedan bien. Me aprietan mucho.

EMPLEADO —...

SEÑOR —¿El once? Bueno...

EMPLEADO —...

SEÑOR —Sí, éstos son muy cómodos. ¿Cuánto cuestan?

EMPLEADO —...

¿QUÉ PASA AQUÍ?

Answer the following questions according to the pictures on page 87:

A. 1. ¿A qué hora se despierta Lola?

....

2. ¿Qué usa Lola para dormir?

....

3. ¿Qué se va a poner Lola hoy?

....

B. 1. ¿En qué parte de la casa están Lola y su esposo?

....

2. ¿Cree Ud. que Lola se va a poner maquillaje?

....

3. ¿Qué tiene que ponerse Lola antes de salir?

....

4. ¿Qué hace el esposo de Lola?

....

C. 1. ¿Qué está haciendo José?

....

2. ¿Dónde trabaja José?

....

3. ¿Qué hora es?

....

4. ¿A qué hora cree Ud. que José empieza a trabajar?

....

D. 1. ¿Qué talla usa Inés?

....

2. ¿Qué se prueba Inés?

....

3. ¿Se mira Inés en el espejo?

....

4. ¿Cuánto cree usted cuesta la blusa?

....

5. ¿Qué le trae la empleada a Inés?

....

E. 1. ¿Qué está haciendo Rosa?

....

2. ¿Cuánto cuestan las sandalias?

....

3. ¿Cuánto cuestan las botas?

....

4. ¿Cuánto cuestan los zapatos?

....

5. ¿Qué es más caro? ¿Qué es más barato?

....

....

F. 1. ¿Qué está haciendo Susana?

....

2. ¿Qué número calza Susana?

....

3. ¿Son pequeños los pies de Susana?

....

4. ¿Los zapatos le van a quedar bien a Susana? ¿Por qué?

....

A

Lola

B

Lola

David
(el esposo
de Lola)

C
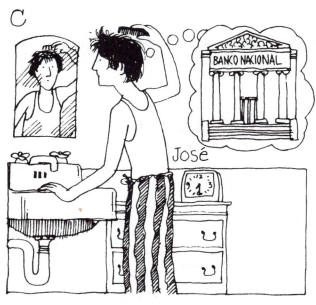
José

BANCO NACIONAL

D

Inés

TALLA 38

E

Rosa

F

Susana

Nº 6

Nº 9

87

TELL ME HOW TO GET THERE

Using the illustration on page 89, give someone directions on how to get to his destination from the following points.

1. Estoy en el hospital. ¿Cómo llego al Hotel México?

   ....

   ....

2. Estoy en el salón de belleza. ¿Cómo llego al museo?

   ....

   ....

3. Estoy en la barbería. ¿Cómo llego al Banco Nacional?

   ....

   ....

4. Estoy en la tienda "Elegancia." ¿Cómo llego a la zona de estacionamiento?

   ....

   ....

5. Estoy en el cine "Rex." ¿Cómo llego al restaurante "El Gaucho"?

   ....

   ....

6. Estoy en la catedral. ¿Cómo llego a la tienda "Elegancia"?

   ....

   ....

7. Estoy en la zapatería "Minerva." ¿Cómo llego al hospital?

   ....

   ....

8. Estoy en el café "Caribe." ¿Cómo llego al cine "Rex"?

   ....

   ....

9. Estoy en el banco. ¿Cómo llego a la catedral?

   ....

   ....

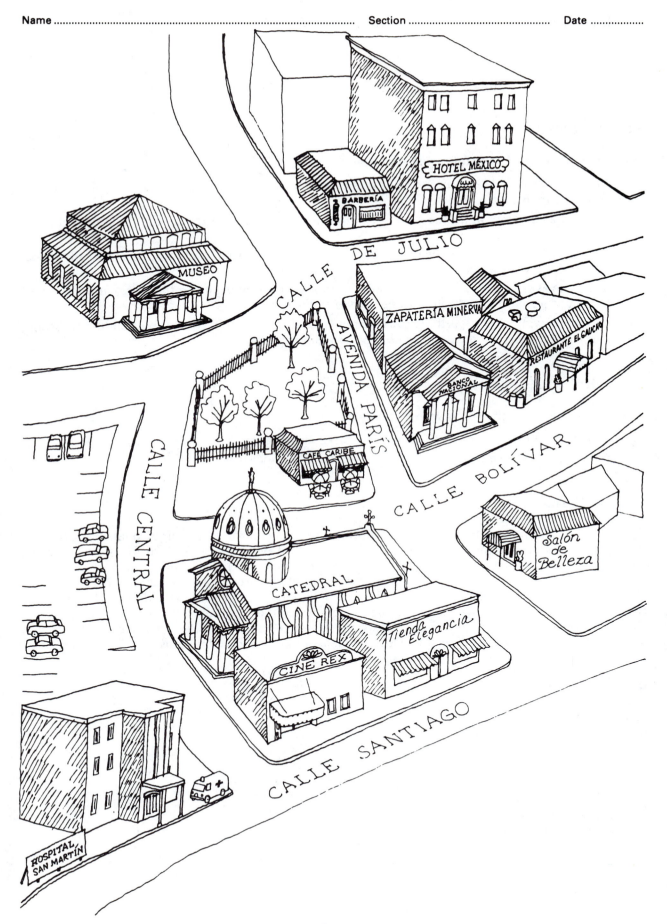

89

10. Estoy en el Hotel México. ¿Cómo llego al café "Caribe"?

....

....

SITUACIONES

What would you say in the following situations?

1. You are a clerk. Ask your customer if she wants to try on the yellow blouse. Tell her the fitting room is on the left.
2. You are a customer at a shoe store. Tell the clerk the boots are too small. Ask him if he's sure they are size twelve.
3. You are a customer. Tell the clerk you want (some) underwear and three pairs of pantyhose. Tell her you wear a size forty.
4. Someone asks you for directions. Tell him to walk four blocks from the store, turn left, and then continue straight ahead until he arrives at Fifth Avenue.
5. You are buying pants. Tell the salesperson you wear a size thirty-eight, but tell him to bring you a thirty-six, just in case, because you are thinner now.

Y AHORA, ¿QUÉ?

Act out the following situations with a classmate:

1. A woman buys clothes and talks with the clerk at the store.
2. A customer buys shoes and consults the clerk at the shoe store.

UNA ACTIVIDAD

The classroom is turned into a department store. The students will bring pants, pantsuits, dresses, blouses, skirts, shoes, sandals, boots, etc. to class and price every item. Four or five students may work in the shoe department, and another group may work in the ladies' clothing department. The rest will be customers. Signs for fitting rooms should be provided. Customers will select clothes, ask questions about sizes and prices, etc. Everybody should buy something. One or two students could be cashiers, who describe each item, quote all prices, collect the money, and give change. Some students might "forget" a package, in which case the cashier should call them back and ask them if the package is theirs. Other students might ask for directions.

VAMOS A LEER

¡Vamos a leer el diario!

AVISOS° CLASIFICADOS

avisos, anuncios   ads

SE ALQUILA:° apartamento con dos dormitorios,° baño, cocina-comedor y sala grande. No se admiten animales. Llamar al teléfono 345-7829.

se alquila   for rent / **dormitorio**   bedroom

90

SE VENDE: casa nueva con jardín, piscina y patio grande. Cuatro dormitorios, dos baños, salón de estar° y garaje para dos coches. Cerca de escuelas.° Precio razonable. Tel. 389-4500

salón de estar family room
escuela school

¡NOS MUDAMOS!° Vendemos todos los muebles° de la casa. También un refrigerador, una lavadora de ropa° y una secadora.° Preguntar por el señor Rojas. Tel. 245-7863

mudarse to move / **muebles** furniture
lavadora washer
secadora dryer

SE VENDE: camioneta° usada, año 1986, en buenas condiciones. Ford, de ocho cilindros. ¡Se vende barata! Tel. 503-4530

camioneta station wagon

SE VENDE: Motocicleta Yamaha, como° nueva, sólo 3.000 millas.° Llamar al tel. 987-6520.

como like
millas miles

SE NECESITA: Persona responsable para cuidar° a dos niños pequeños. Buen sueldo.° Debe tener buenas referencias. Tel. 486-5969

cuidar to take care of
sueldo salary

SE BUSCA: Mecanógrafa° competente para negocio° pequeño. Debe hablar inglés y escribir más de cincuenta palabras° por minuto. El sueldo depende de la experiencia.

mecanógrafo(a) typist / **negocio** business
palabras words

¡GRATIS!° Un perro chihuahua de dos años y también dos gatos siameses. Necesitan un buen hogar.° Llamar al tel. 765-9022.

gratis free
hogar home

After reading the classified ads, answer the following questions.

1. Los García tienen dos perros y tres gatos. ¿Pueden alquilar el apartamento? ¿Por qué?

....

....

2. ¿Por qué venden todos los muebles los Rojas? ¿Qué otras cosas venden?

....

....

3. ¿Puede Ud. describir la casa que se vende?

....

....

4. ¿Qué necesita tener la persona que va a cuidar a los niños?

....

....

5. ¿Qué debe saber hacer la mecanógrafa?

....

6. ¿Cuánto cuestan el perro y los tres gatos?

....

7. ¿Es nueva la camioneta Ford?   ¿De qué año es?

....

8. ¿Es usada la motocicleta?

....

Lesson 10

Los López están muy ocupados

Daniel y Anita López decidieron quedarse en San Juan por dos meses por cuestiones de negocios. Alquilaron un apartamento cerca de la playa y emplearon una criada. Anita se matriculó en un curso de verano en la universidad, de modo que está muy ocupada. Ahora está hablando con doña María, la criada.

ANITA —¿Compró todas las cosas de la lista que le di?

CRIADA —Sí, esta mañana fui al supermercado muy temprano.

ANITA —Entonces tenemos todo lo necesario para una buena cena. Daniel invitó a un amigo a cenar.

CRIADA —Preparé una ensalada de camarones esta mañana. Está en el refrigerador.

ANITA —Bueno, ¡me estoy muriendo de hambre! No comí nada al mediodía.

CRIADA —Voy a hacerle un sándwich de jamón y queso. ¿Quiere un vaso de leche?

ANITA —Gracias. ¡Ah! ¿Me planchó el vestido rosado? Lo necesito para la fiesta.

CRIADA —Sí, pero no lavé el suéter marrón del señor Daniel...

ANITA —No, tenemos que mandar ese suéter a la tintorería. Hay que lavarlo en seco.

CRIADA —¡Ah! Voy a pasar la aspiradora y a hacer la cama otra vez. El señor Daniel tomó una siesta.

ANITA —Gracias, doña María. Voy a ducharme y después la ayudo a poner la mesa.

CRIADA —Muy bien, señora. *(Mira por la ventana.)* Parece que va a llover. El cielo está nublado...

ANITA —No se preocupe. Si llueve, yo la llevo a su casa en el carro.

CRIADA —Ah, señora, su amiga Elena la llamó por teléfono. Va a venir por Ud. mañana a las nueve.

La lista que Anita le dio a la criada

Yogur
queso
piña
zanahorias
harina
lechuga
toronjas
duraznos
sandía
papas
detergente
1 docena de huevos
leche (3 botellas)

margarina
mantequilla
pan
fideos
tocino
ají
cebollas
tomates
peras
uvas
arroz
lejía
huevos

* * *

The Lopezes Are Very Busy

Daniel and Anita Lopez decided to stay in San Juan for two months for business reasons. They rented an apartment near the beach and hired a maid. Anita registered in a summer course at the university, so she's very busy. Now she is talking to Doña Maria, the maid.

ANITA: Did you buy everything from the list I gave you?

MAID: Yes, this morning I went to the supermarket very early.

ANITA: Then we have all the necessary things for a good dinner. Daniel invited a friend to dinner.

MAID: I prepared a shrimp salad this morning. It's in the refrigerator.

ANITA: Well, I'm starving! I didn't have anything to eat at noon.

MAID: I'll make you a ham and cheese sandwich. Do you want a glass of milk?

ANITA: Thanks. Oh, did you iron my pink dress for me? I need it for the party.

MAID: Yes, but I didn't wash Daniel's brown sweater.

ANITA: No, we have to send that sweater to the cleaners. It should be dry-cleaned.

MAID: Oh, I'm going to vacuum and make the bed again. Daniel took a nap.

ANITA: Thanks, Doña Maria. I'm going to shower, and then I'll help you set the table.

MAID: Very well, ma'am. *(She looks through the window.)* It looks like it's going to rain. The sky is cloudy. . . .

ANITA: Don't worry. If it rains, I'll give you a ride home.

MAID: Ah, ma'am, your friend Elena called you. She is going to pick you up (come for you) tomorrow at nine.

VOCABULARIO

COGNATES

el **curso** course	el **refrigerador** refrigerator
la **docena** dozen	el **tomate** tomato
el **detergente** detergent	el **yogur** yogurt
la **margarina** margarine	

NOUNS

el **ají** bell pepper
la **aspiradora** vacuum cleaner
la **botella** bottle
el **camarón** shrimp
la **cebolla** onion
el **cielo** sky
la **criada** maid
el **durazno, melocotón** peach
los **fideos** noodles
la **fiesta** party
las **fresas** strawberries
la **harina** flour
el **huevo, blanquillo** (*Méx.*) egg
la **lechuga** lettuce
la **lejía** bleach

la **mantequilla** butter
la **manzana** apple
el **pan** bread
la **papa, patata** potato
la **pera** pear
la **piña** pineapple
la **playa** beach
la **sandía, melón de agua** watermelon
la **siesta** nap
el **supermercado** supermarket
el **tocino** bacon
la **toronja** grapefruit
las **uvas** grapes
el **vaso** glass
la **zanahoria** carrot

94

VERBS

alquilar   to rent
cenar   to have supper (dinner)
emplear   to hire, to employ
matricularse   to register (for school)
parecer   to seem
planchar   to iron
preocuparse   to worry
preparar   to prepare
quedarse   to stay, to remain

ADJECTIVES

marrón, café   brown
nublado(a)   cloudy
ocupado(a)   busy

rosado(a)   pink

OTHER WORDS AND EXPRESSIONS

de modo que   so
hacer la cama   to make the bed
limpiar en seco   to dry-clean
lo necesario   the necessary thing(s)
llevar a alguien en el carro(coche)   to give someone a ride in the car
morirse (o>ue) de hambre   to starve
pasar la aspiradora   to vacuum
poner la mesa   to set the table
por cuestiones de negocios   for business reasons

¿CUÁL ES LA RESPUESTA?

Match the questions in column A with the corresponding answers in column B.

A

1. ¿Qué usa Ud. para lavar?
2. ¿Vas a hacer las camas?
3. ¿Qué compró ayer?
4. ¿Vas a comer pan con mantequilla?
5. ¿Qué frutas necesitas para la ensalada?
6. ¿Compró la casa?
7. ¿Ya se matriculó su hija?
8. ¿Dónde pones el yogur?
9. ¿El cielo está nublado?
10. ¿Lavó el sueter?
11. ¿Quién va a poner la mesa?
12. ¿Por qué están aquí?
13. ¿A dónde vas?
14. ¿Dónde compraste las fresas y la sandía?
15. ¿Vas a hacer una ensalada?
16. ¿Tu vestido es marrón?

B

...... a.   Fresas, piñas, peras y uvas.
...... b.   Sí, parece que va a llover.
...... c.   En el supermercado.
...... d.   No, la alquiló.
...... e.   Por cuestiones de negocios.
...... f.   No, con margarina.
...... g.   Sí, de camarones y papas.
...... h.   En el refrigerador.
...... i.   Una docena de huevos.
...... j.   No, rosado.
...... k.   Huevos y tocino.
...... l.   Sí, me estoy muriendo de hambre.
...... ll.   No, hay que lavarlo en seco.
...... m.   Sí, en el curso de verano.
...... n.   No, voy a pasar la aspiradora.
...... o.   Uso detergente.

17. ¿Vas a dormir una siesta ahora?   ...... p.   No, de tomate y lechuga.

18. ¿Vas a cenar ahora?   ...... q.   No, estoy muy ocupada.

19. ¿Qué va a comer?   ...... r.   La criada.

20. ¿Quieres una ensalada de papas?   ...... s.   A la playa.

¡VAMOS A CONVERSAR!

A.   We want to know what is happening with Daniel and Anita.   Tell us.

1. ¿Por qué decidieron Daniel y Anita quedarse en Puerto Rico?

....

2. ¿Dónde alquilaron un apartamento?

....

3. ¿A quién emplearon?

....

4. ¿Por qué está Anita muy ocupada?

....

5. ¿A dónde fue la criada esta mañana?

....

6. ¿Para qué tiene Anita todo lo necesario?

....

7. ¿A quién invitó Daniel?

....

8. ¿Por qué se está muriendo de hambre Anita?

....

9. ¿Qué va a comer Anita? (qué va tomar?)

....

10. ¿De qué color es el vestido de Anita?

....

11. ¿Por qué no debe la criada lavar el suéter de Daniel?

....

12. ¿Qué va a hacer la criada otra vez? ¿Por qué?

. . . .

13. ¿Por qué no debe preocuparse la criada si llueve?

. . . .

14. ¿Quién va a venir por Anita mañana?

. . . .

B. Divide into groups of two and ask each other the following questions, using the *tú* form.

Pregúntele a su compañero(a) de clase...

1. . . . . . si limpia toda su ropa en seco.
2. . . . . . si usa lejía y detergente para lavar.
3. . . . . . si plancha sus pantalones o los manda a la tintorería.
4. . . . . . si prefiere comer toronjas o uvas.
5. . . . . . si le pone ají a la ensalada.
6. . . . . . si prefiere yogur de durazno, de manzana o de fresa.
7. . . . . . si comió tocino y huevos esta mañana.
8. . . . . . qué frutas de la lista de Anita prefiere.
9. . . . . . si tiene refrigerador en su casa.
10. . . . . . si tomó una siesta ayer.
11. . . . . . si en el verano va a irse de vacaciones o va a quedarse aquí.
12. . . . . . si alquiló un apartamento cerca de la playa el verano pasado.

¿QUÉ DICE...?

We can hear what *doña Paula* is saying, but we can't hear Marta. Give her side of the conversation.

Marta habla con dõna Paula, la criada.

MARTA —. . . . .

CRIADA —Sí, señora. Esta mañana planché las camisas del señor.

MARTA —. . . . .

CRIADA —Sí, señora. Fui al mercado y compré leche, tomates y lechuga.

MARTA —. . . . .

CRIADA —No, señora, no compré harina ni fideos.

MARTA —. . . . .

CRIADA —Sí, en el refrigerador hay una ensalada de papas y además puedo prepararle un sándwich.

MARTA —. . . . .

CRIADA —Sí, lavé su vestido y el suéter del señor.

MARTA — ....

CRIADA —Sí, señora, está muy nublado.   Parece que va a llover.

MARTA — ....

CRIADA —Muchas gracias, señora.

¿QUÉ PASA AQUÍ?

Mrs. García is going to tell you what she did yesterday, but she will not tell you the truth. Look at the pictures on page 99, and tell her what she *really* did. Start by saying "No es verdad...

1. a. Yo me levanté a las cinco de la mañana.

    ....

    b. Yo me duché a las siete menos cuarto.

    ....

2.   Yo lavé las camisas de mi esposo.

    ....

3. a. Yo fui a la farmacia.

    ....

    b. Yo no compré nada.

    ....

4. a. Mi esposo fue conmigo a la tienda.

    ....

    b. Vi unos zapatos muy bonitos en la vidriera.

    ....

5. a. Salí con mi esposo.

    ....

    b. Llevé a mi hija a la universidad.

    ....

    c. Fuimos a ver al Doctor Cervantes.

    ....

6. a. Mandé las camisas de mi esposo a la tintorería.

   ....

   b. No vi a mi esposo ayer.

   ....

7. a. Llevé a la señora Peña al cine.

   ....

   b. Fuimos en ómnibus.

   ....

8.   Le escribí a mi papá.

   ....

9. a. Mi familia y yo cenamos en un restaurante.

   ....

   b. Yo preparé hamburguesas.

   ....

   c. Preparé ensalada para el almuerzo.

   ....

10. a. Bailé con mi esposo.

   ....

   b. Mi esposo y yo hablamos inglés.

   ....

SITUACIONES

What would you say in the following situations?

1. You have a maid. Ask her if she bought noodles and flour this morning. Ask her also if she ironed your pants.
2. You have a maid. Tell her to take your clothes to the dry cleaners, to go to the supermarket and buy grapes and carrots, to vacuum, make the beds, and set the table for dinner.
3. Tell your roommate that you prepared a potato salad for lunch. Ask him/her whether he/she prefers watermelon or pears for dessert.
4. Tell a friend that the sky is cloudy and it looks like it's going to rain. Ask him if he can give you a ride home.
5. Ask a classmate whether he's going to register for a summer course at the university.
6. Your friend wants you to go to the movies with her. Tell her you can't go because you are very busy today since you invited some friends for dinner.

Y AHORA, ¿QUÉ?

Act out the following situations with a classmate:

1. A clerk at a small market speaks with a customer who is doing some shopping.
2. A man (woman) asks the maid what she did during the day and gives her instructions.

UNA ACTIVIDAD

The class is divided into three sections: a **verdulería** (vegetable market), a **frutería** (fruit market), and a **lechería** (dairy). Each market will have two or three salespersons. The rest of the students will be customers who will bring three different shopping lists and shop at each market. The merchandise (use props) should be displayed.

LESSONS 6–10

VOCABULARY REVIEW

A. Circle the word or phrase that does not belong in each group.

1. aerolínea, bigote, agencia de viajes
2. al lado de, cerca de, más de
3. va a pie, cena, camina
4. bota, zapato, vestido
5. quedarse, ducharse, bañarse
6. detergente, jabón, flequillo
7. harina, fresas, peras
8. lechuga, lejía, zanahorias
9. ropa, bolsa, cartera
10. estoy ocupado, estoy trabajando, no hago nada
11. oreja, billete, pasaje
12. permanente, película, peinado
13. pastilla, patilla, flequillo
14. dos, pan, par
15. peinarse, pelo, piña
16. me dicen, me aprietan, me quedan chicos
17. rosado, alto, rojo
18. peluquería, salón de belleza, supermercado
19. dormir, secador, siesta
20. toronja, manzana, tocino
21. visa, voz, viaje

B. Circle the appropriate word or phrase that completes each of the following sentences. Then read the sentence aloud.

1. El agente de viajes dice que debo (confirmar, cortar) las reservaciones.
2. Córteme un poco acá arriba y (a los costados, en la aduana).
3. ¡Hola! ¡Por fin llegaron! (¡Buen viaje!, ¡Bienvenidos!)
4. ¿Dónde están (los comprobantes, las grabadoras) para su equipaje?
5. Quiero unos zapatos (de ida, de vestir).
6. Sus documentos están (en la ensalada, en regla).
7. Ellos (emplearon, alquilaron) a una criada.
8. Favor de abrocharse (los cinturones, la playa).
9. Es carísimo. (Cuesta muchísimo. Es una ganga).
10. Voy al supermercado a comprar (fideos, gente).
11. Mañana no. (Tiene exceso de equipaje. Hoy mismo).
12. Quiero beber jugo de (naranja, mesita).
13. Mientras tanto voy a comer porque me estoy muriendo de (sed, hambre)
14. Quiero beber un vaso de (leche, lejía).
15. No podemos lavarlo. Debemos limpiarlo (en el rizador, en seco).
16. Una permanente lleva (mucho tiempo, mucha azúcar).
17. Favor de abrocharse los cinturones y no (fumar, bailar).
18. Voy a leer una (novela, puerta de salida).
19. Los pasajeros probablemente van a pasar por (la altura, la aduana).
20. Voy a pedir (turno, paquetes) en la peluquería.
21. Tengo que viajar por cuestiones de (negocios, recortes).
22. Le voy a recortar y rizar (la ropa, el pelo).
23. Allí venden ropa para (sandías, damas).
24. Voy a la tienda porque necesito (comprar ropa interior, reservar pasaje).

103

25. En la aduana le van a revisar (la raya, el equipaje).

26. El auxiliar de vuelo sirve la comida en (el avión, la pensión).

27. El inspector le va a preguntar si tiene algo que (declarar, terminar).

28. Voy a comprar sandalias en la (zapatería, peluquería).

29. No es a la derecha, de modo que es (a la izquierda, a ver).

30. Necesito un champú especial porque tengo (caramba, caspa).

31. El vestido está muy barato porque tienen una (foto, liquidación) hoy.

32. Supongo que van a pasar una (película, peluquera).

33. En la tienda, ella se prueba el vestido en el (probador, comedor).

34. Parece que va a llover. Voy a cerrar las ventanillas (por si acaso, a sus órdenes).

35. No se preocupe, señora. Yo puedo preparar los sándwiches si Ud. me compra el (jabón, jamón).

36. Los paquetes ya no están sobre el (melón de agua, mostrador).

37. Todos los días toma un (taxi, avión) para ir al supermercado.

38. Favor de abrocharse los cinturones. (Me toca a mí. Hay turbulencia).

39. Debemos subir al avión. Ésa fue la última (llamada, vegetariana).

40. El hotel está a unas diez (vidrieras, cuadras) de aquí.

C. Match the items in column A with those in column B. Then read the sentences aloud.

A	B
1. ¿A cómo está	...... a. cámara fotográfica?
2. ¿Lo compraste	...... b. de un mes?
3. ¿Con cuánta anticipación	...... c. todo?
4. ¿Tienen Uds. una	...... d. verdad eso?
5. ¿Sigo derecho hasta	...... e. segura?
6. ¿Cuánto tiempo	...... f. a precio de costo?
7. ¿Vuelven dentro	...... g. en una hora?
8. ¿Qué hacen Uds. después	...... h. primera clase?
9. ¿Quiere un pasaje de	...... i. que hacer cola?
10. ¿Qué vas a leer durante	...... j. no?
11. ¿Le vas a decir que	...... k. escala en Panamá?
12. Dicen que es su hijo. ¿Es	...... l. dura el vuelo?
13. ¿Estás	...... ll. el viaje?
14. Pantimedias y sandalias. ¿Eso es	...... m. hacer la cama?
15. La criada va a	...... n. de cenar?
16. ¿Podemos hacer	...... ñ. llegar a la Calle Quinta?

Name .... Section .... Date ....

17. ¿Tenemos

18. ¿Cuántos minutos hay

...... o. el cambio?

...... p. debemos reservar el cuarto?

D. **Write these words or phrases in Spanish in the blanks provided.   What expression is formed vertically?**

1. airport

2. which (*pl.*)?

3. weight

4. to shave

5. both

6. fruit

7. destination

8. shopping: **de** _____

9. comfortable

10. to leave

11. captain

12. he turns

13. from

14. flight

15. cash register

16. under: _____ **de**

17. behind: _____ **de**

18. side

19. refrigerator

20. wig

21. necessary

22. shampoo

23. to take away

E. Crucigrama (Lessons 6-10). Use the clues provided below to complete the crossword puzzle.

HORIZONTAL

3. melocotón
5. documento que se necesita para viajar
6. *I set the table*: pongo la _____ .
8. las mujeres lo usan para dormir
10. Me lavo la _____ con champú.
11. *bell pepper*, en español
12. opuesto de **despegar** (un avión)
14. melón de agua
16. asistí
17. La licencia para manejar es un _____ .
19. *to vacuum*: pasar la _____
21. marrón
23. *luckily*, en español
24. El mozo trae la comida en una _____ .
25. pequeña

27. *he sees*, en español
28. Es mi turno. Me _____ a mí.
29. Se usa mucho. Está de _____ .
30. *ham*, en español
35. Quiero un pasaje de ida y _____ .
36. opuesto de **corto**
37. en México se llama **blanquillo**
38. patata
39. Es baratísimo. Es una _____ .
42. Me miro en el _____ .
43. Eva le dio una a Adán.
45. No tiene importancia. No _____ .
46. Tiene mareo. Está _____ .
47. *shrimp*, en español

VERTICAL

1. No quiero margarina. Quiero _____ .
2. Ayer me _____ en un curso de verano.
3. doce
4. *excuse me*, en español
5. Hoy es jueves. _____ mañana es sábado.
7. Los hombres van allí para cortarse el pelo.
9. persona que viaja en un avión
12. Como no tiene casa, _____ un apartamento.
13. Con el _____ y el azul, se forma el verde.
15. señora
18. Compré un conjunto de pantalón y _____ .
20. pelo

21. *onion*, en español
22. opuesto de **sale**
23. atiende a los pasajeros de un avión
25. Debo _____ los dientes después de las comidas.
26. Me voy a poner una _____ y una blusa.
31. Va a llover. El cielo está _____ .
32. No es soltero. Es _____ .
33. Hacen vino con _____ .
34. *cheese*, en español
36. La comemos en ensalada.
37. muy bonito
40. ¿Qué _____ es hoy? ¿El 12 de abril?
41. talla
44. Siéntese. Tome _____ .

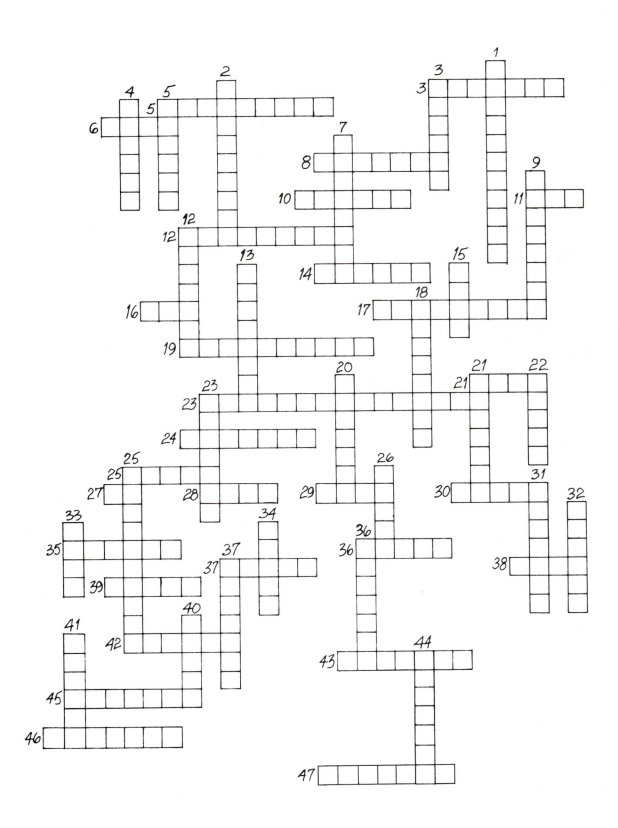

Lesson 11

¿Qué necesitamos...?

Hace una semana que Miguel y Jorge están en Madrid. Anoche Jorge no pudo dormir muy bien porque tenía dolor de garganta y mucha tos toda la noche. Esta mañana la dueña de la pensión vino a verlo y le trajo un jarabe para la tos y unas pastillas para el dolor de garganta.

MIGUEL —¿Cómo te sientes? ¿Mejor?

JORGE —Sí, las medicinas me hicieron mucho bien. ¿Quieres ir a la tienda hoy?

MIGUEL —Sí. Tienen una liquidación en El Corte Inglés[1] y quiero comprarme un traje gris.

JORGE —Y yo necesito una chaqueta, un par de calcetines, un calzoncillo y una camiseta.

MIGUEL —Bien; voy a vestirme. Tienes que levantarte porque la criada va a cambiar las sábanas y las fundas hoy.

JORGE —¿Por qué no cambia también las almohadas y los colchones? ¡Son muy incómodos!

MIGUEL —¡Ja! Oye, ¿dónde pusiste la crema de afeitar y las navajitas?

JORGE —Yo no las usé. ¿Por qué no compramos un transformador para poder usar la máquina de afeitar eléctrica?

MIGUEL —Bueno. ¿Dónde pusiste la pasta dentífrica? ¿En el bolso de mano?

JORGE —Sí. ¡Caramba! Llevamos media hora hablando. Debemos darnos prisa.

En la tienda:

MIGUEL —*(A una empleada)* Perdón. ¿Dónde está el departamento de caballeros?

EMPLEADA —En el tercer piso. Usen la escalera mecánica; el ascensor no funciona.

MIGUEL —Gracias. *(A Jorge)* Quiero comprarle un regalo a Yolanda.

JORGE —Ella me dijo que quería discos de Julio Iglesias...[2]

MIGUEL —Buena idea. ¡Ah! Yo quería llevar a revelar estos rollos de película.

JORGE —Vamos al departamento de fotografías. Yo tengo que comprar películas en blanco y negro y películas en colores.

MIGUEL —Eres como mi padre. Cuando íbamos de vacaciones tomaba miles de fotos.

JORGE —¡Cómo exageras! Oye, aquí tengo la lista de las cosas que debemos comprar:

desodorante
colonia
piyama
cinturón
papel higiénico
anteojos de sol

papel de carta
sobres
pañuelos
cepillo de dientes
peine
bronceador

[1]Famous department store in Madrid
[2]Famous Spanish singer

109

* * *

What do we need . . . ?

Miguel and Jorge have been in Madrid for a week. Last night Jorge couldn't sleep well because he had a sore throat and a bad cough all night long. This morning the owner of the boarding house came to see him and brought him some cough syrup and some pills for his throat.

MIGUEL: How are you feeling? Better?

JORGE: Yes, the medicines did me a lot of good. Do you want to go to the store today?

MIGUEL: Yes. They're having a sale at *El Corte Inglés* and I want to buy myself a grey suit.

JORGE: And I need a jacket, a pair of socks, a (pair of) undershorts and a T-shirt.

MIGUEL: Fine; I'm going to get dressed. You have to get up because the maid is going to change the sheets and pillowcases today.

JORGE: Why doesn't she also change the pillows and the mattresses? They're very uncomfortable!

MIGUEL: Ha! Listen, where did you put the shaving cream and the razors?

JORGE: I didn't use them. Why don't we buy a transformer so we can (in order to be able to) use the electric razor?

MIGUEL: Okay. Where did you put the toothpaste? In the bag?

JORGE: Yes. Gosh! We've been talking for a half hour. We must hurry.

At the store:

MIGUEL: *(To a clerk)* Excuse me. Where's the men's department?

CLERK: On the third floor. Use the escalator; the elevator isn't working.

MIGUEL: Thanks. *(To Jorge)* I want to buy Yolanda a present.

JORGE: She told me she wanted Julio Iglesias's records . . .

MIGUEL: Good idea! Oh! I wanted to take these rolls of film to have them developed.

JORGE: Let's go to the photo department. I have to buy black and white film and color film.

MIGUEL: You're (just) like my father. When we used to go on vacation he would take thousands of pictures.

JORGE: How you exaggerate! Listen, here's the list of the things we have to buy:

```
deodorant          letter paper
cologne            envelopes
pajamas            handkerchiefs
belt               tooth brush
toilet paper       comb
sunglasses         suntan lotion
```

VOCABULARIO

COGNATES

la **colonia** cologne
el **departamento** department
el **desodorante** deodorant
  eléctrico(a) electric

la **foto, fotografía** photography, photograph
¡**ja!** ha!
el **piyama** pajama
el **transformador** transformer

NOUNS

la **almohada** pillow
los **anteojos** (las **gafas**) **de sol** sunglasses
el **ascensor, elevador** elevator

el **bien** good
el **bronceador** suntan lotion
el **caballero** gentleman

110

los **calcetines** socks
el **calzoncillo** men's shorts (*underwear*)
la **camiseta** T-shirt
el **cepillo de dientes** toothbrush
el **cinturón** belt
el **colchón** mattress
la **crema de afeitar** shaving cream
el **disco** record
el **dolor** pain
el **dolor de garganta** sore throat
la **escalera mecánica** escalator
la **funda** pillowcase
el **jarabe** syrup
el **jarabe para la tos** cough syrup
la **liquidación, venta especial** sale
la **máquina de afeitar** razor, shaver
la **navajita** razor blade
el **pañuelo** handkerchief
el **papel de carta** writing paper
el **papel higiénico** toilet paper
la **pasta dentífrica** toothpaste
el **peine** comb

la **película** film
el **rollo de película** roll of film
la **sábana** sheet
el **sobre** envelope
la **tos** cough
el **traje** suit

VERBS

exagerar to exaggerate
revelar to develop
sentir(se) (e>ie) to feel

ADJECTIVES

gris grey
incómodo(a) uncomfortable

OTHER WORDS AND EXPRESSIONS

blanco y negro black and white (*film*)
¡caramba! gosh!
darse prisa to hurry
no funciona it is out of order

¿CUÁL ES LA RESPUESTA?

Match the questions in column A with the answers in column B.

	A		**B**
1.	¿Cómo puedes usar tu máquina de afeitar eléctrica en España?	...... a.	Sí, y también jarabe para la tos.
2.	¿Tienes cepillo de dientes?	...... b.	Sí, dos calzoncillos y una camiseta.
3.	¿Los calcetines son negros?	...... c.	Sí, y crema de afeitar.
4.	¿Cómo te sientes?	...... d.	Lo puse en el baño.
5.	¿Venden ropa para damas?	...... e.	No, mi colchón es muy incómodo.
6.	¿Necesitas pastillas para el dolor de garganta?	...... f.	Sí, si puedo conseguir un rollo de película.
7.	¿Necesitas ropa interior?	...... g.	Para Luis.
8.	¿Tienen almohadas?	...... h.	No, para caballeros.
9.	¿No dormiste bien?	...... i.	Sábanas.
10.	¿Necesitas navajitas?	...... j.	Sí, pero no tengo pasta dentífrica.
11.	¿Usaron la escalera mecánica?	...... k.	Tú siempre exageras...
12.	¿No le vas a escribir a Ana?	...... l.	No, en blanco y negro.

13. ¿Dónde está el papel higiénico?	...... ll.	Mucho mejor.
14. ¿Para quién es el traje?	...... m.	Sí. Mi coche no funciona.
15. ¿Vas a tomar fotografías?	...... n.	No puedo. No tengo ni papel de carta ni sobres.
16. ¿La liquidación termina a las seis?	...... o.	Sí. ¡Caramba! Tenemos que darnos prisa.
17. Hugo tiene miles de discos, ¿no?	...... p.	Tengo un transformador.
18. ¿Qué necesitas para la cama?	...... q.	No, el ascensor.
19. ¿Va en ómnibus?	...... r.	Sí, pero no tenemos fundas.
20. ¿Las películas son en colores?	...... s.	No, grises.

¡VAMOS A CONVERSAR!

A. **Answer the following questions about the dialogue. Use complete sentences.**

1. ¿Cuánto tiempo hace que Miguel y Jorge están en Madrid?

....

2. Jorge no pudo dormir muy bien anoche. ¿Por qué?

....

3. ¿Qué hizo esta mañana la dueña de la pensión?

....

4. ¿Qué le trajo?

....

....

5. ¿Las medicinas le hicieron bien a Jorge?

....

6. ¿Qué tienen hoy en El Corte Inglés?

....

7. ¿Qué quiere comprar Miguel?

....

8. ¿Qué necesita Jorge?

....

9. ¿Por qué tiene que levantarse Jorge?

....

....

10. ¿Qué dice Jorge de las almohadas y los colchones?

....

11. Los muchachos tienen que usar la escalera mecánica. ¿Por qué?

....

12. ¿Qué dijo Yolanda que quería?

....

13. ¿Qué tiene que comprar Jorge en el departamento de fotografías?

....

....

14. ¿Qué hacía el padre de Miguel cuando iban de vacaciones?

....

15. ¿Puede escribir la lista de cosas que los muchachos deben comprar?

....

....

....

....

B. Now answer the following personal questions.

1. ¿Cómo se siente Ud.?

....

2. ¿Qué toma Ud. para el dolor de garganta?

....

3. ¿Qué hace Ud. cuando tiene tos?

....

4. ¿Necesita Ud. pastillas para dormir?

....

5. ¿Es incómodo su colchón?

....

6. ¿Cambian Uds. las sábanas y las fundas una vez por semana?

....

7. ¿Usa crema de afeitar para afeitarse?

....

8. ¿Qué pasta dentífrica usa Ud.?

....

9. ¿Toma Ud. muchas fotografías cuando va de vacaciones?

....

10. ¿Prefiere tomar fotografías en colores o en blanco y negro?

....

¿QUÉ DICE...?

Using your imagination and the vocabulary learned in this lesson, complete the missing lines of this dialogue.

Hablando con un amigo:

PEDRO —..

JOSÉ —No, ya no tengo dolor de garganta.

PEDRO —..

JOSÉ —Anoche tomé unas pastillas y un jarabe.

PEDRO —..

JOSÉ —Sí, podemos ir a las tiendas. Hoy hay una buena liquidación en "El Encanto," y yo tengo que comprar varias cosas.

PEDRO —..

JOSÉ —Necesito una chaqueta, calcetines, camisetas, una máquina de afeitar eléctrica y pasta dentífrica. ¿Y tú?

PEDRO —..

JOSÉ —¿De qué color vas a comprarte el traje?

PEDRO —..

JOSÉ —Oye, ¿qué regalo vas a comprarle a tu hermana?

PEDRO —..

¿QUÉ PASA AQUÍ?

Answer the questions about these pictures.

A. 1. ¿Dónde estaba Julio?

....

2. ¿Cuánto tiempo iba a estar Julio en Buenos Aires?

....

B. 1. ¿Se sentía bien Mario?

....

2. ¿Qué tenía?

....

3. ¿Qué le dio su mamá?

....

C. 1. ¿Dónde estaba Rosa?

....

2. ¿Qué quería comprar?

....

3. ¿Pudo subir Eva por la escalera mecánica?   (¿Por qué no?)

....

4. ¿Qué cree Ud. que Eva tomó para ir al tercer piso?

....

5. ¿En qué piso estaba?

....

D. ¿Qué cosas necesitaba comprar Jorge?

1. ....   7. ....

2. ....   8. ....

3. ....   9. ....

4. ....   10. ....

5. ....   11. ....

6. ....   12. ....

E. 1. ¿Qué se probó José?

....

2. ¿Le quedó bien?

....

3. ¿En qué se miró?

....

4. ¿Cuánto costaba la chaqueta?

....

5. ¿Qué precio tenía antes?

....

6. ¿Estaba en liquidación la chaqueta?

....

F. 1. ¿Cómo se llama la tienda?

....

2. ¿En qué departamento estaba José?

....

3. ¿Qué tenía la tienda ese día?

....

4. ¿Qué cree Ud. que compró José?

....

5. ¿Cuántos empleados había en la tienda?

....

SITUACIONES

What would you say in the following situations?

1. Someone asks you how you're feeling. Tell him you weren't able to sleep well the night before because you had a sore throat. Tell him you're feeling a little better now.
2. Tell your friend they're having a great sale at Sears. Ask him if he wants to go shopping with you.
3. You're in Spain. Tell your friend you want to use your electric shaver, but you don't have a transformer.
4. Complain to the hotel manager. Tell her the maid didn't change the sheets or the pillowcases. Also tell her that the bed is very uncomfortable.
5. Tell your doctor that the pills he gave you for your sore throat did you a lot of good.
6. Tell your child he must hurry because his friend has been waiting for him for half an hour.

Y AHORA, ¿QUÉ?

Act out the following situations with a classmate:

1. Two roommates discuss all sorts of problems.
2. Two friends talk about the things they need to buy.

UNA ACTIVIDAD

Several objects or pictures will be brought to the class. The instructor will pin one object (or picture) on each student's back. The students will walk around the class asking questions to try to find out what object they have. For example:

1. ¿Es ropa?
2. ¿Es algo que usan las mujeres o los hombres?
3. ¿Para qué es?
4. ¿De qué color es?

Lesson 12

¡Qué mala suerte!

Hoy es martes[1] trece, pero Anita y Daniel no son supersticiosos. Anita va a su clase en la universidad, y Daniel tiene una entrevista con un cliente. Vamos a seguir a Anita, que está en la esquina esperando el ómnibus.

ANITA — *(Grita.)* ¡Policía! ¡Socorro! ¡Ese hombre me robó la cartera!

SEÑOR — ¿Qué pasó, señora? ¿Puedo ayudarla en algo?

ANITA — Aquel hombre es un ladrón. Me quitó la cartera y no pude hacer nada...

SEÑOR — Hay un teléfono público en la esquina si Ud. quiere llamar a la policía.

ANITA — ¿Sabe Ud. dónde queda la estación de policía?

SEÑOR — Sí, siga derecho hasta llegar al semáforo y doble a la izquierda.

En la estación de policía, Anita habla con el oficial de guardia:

OFICIAL — ¿En qué puedo servirle, señora?

ANITA — Vengo a denunciar un robo. Acaban de robarme la cartera. Era una cartera roja, de cuero y con las iniciales A. L.

OFICIAL — Cálmese, señora. Tome asiento y dígame lo que pasó.

ANITA — Yo estaba esperando el ómnibus y un hombre vino y me quitó la cartera de la mano.

OFICIAL — ¿Cómo era? ¿Puede describirlo?

ANITA — Sí, era joven, gordo y pelirrojo. Medía unos cinco pies, seis pulgadas.

OFICIAL — ¿Llevaba lentes?

ANITA — Sí, y tenía barba y una cicatriz en la frente. Llevaba puesto un pantalón azul y una camisa blanca.

OFICIAL — Muy bien, señora. Firme aquí.

Mientras tanto, Daniel está hablando con un policía de tránsito.

POLICÍA — Arrime el carro a la acera y pare el motor. Déjeme ver su licencia para conducir.

DANIEL — ¿Qué hice? Soy extranjero y no conozco las leyes de tránsito.

POLICÍA — Ud. iba a cincuenta millas por hora. La velocidad máxima en un barrio residencial es de treinta millas por hora.

DANIEL — Yo no sabía que por aquí tenía que manejar tan despacio.

POLICÍA — Iba muy rápido. Además, iba zigzagueando y no paró en la señal de parada.

DANIEL — Iba zigzagueando porque casi atropellé a un gato negro...

POLICÍA — Lo siento, pero tengo que ponerle una multa... ¡Maneje con cuidado!

Esa noche Anita y Daniel estaban invitados a una fiesta, pero no quisieron ir.

DANIEL — La fiesta es en casa del director de la compañía. Tú lo conociste el mes pasado.

ANITA — Sí, pero para un martes trece ya tuvimos bastante mala suerte. ¡Nos quedamos en casa!

✳ ✳ ✳

---

[1]In Spanish-speaking countries, *Tuesday* the thirteenth is the unlucky day.

What Bad Luck!

Today is Tuesday the thirteenth, but Anita and Daniel are not superstitious. Anita goes to her class at the university, and Daniel has an interview with a client. We are going to follow Anita, who is at the corner waiting for the bus.

ANITA: *(She screams.)* Police! Help! That man stole my purse!

GENTLEMAN: What happened, ma'am? May I help you in any way?

ANITA: That man is a thief. He took my purse from me and I wasn't able to do anything (about it). . . .

GENTLEMAN: There is a public phone at the corner if you want to call the police.

ANITA: Do you know where the police station is located?

GENTLEMAN: Yes, continue straight ahead until you get to the traffic light and turn left.

At the police station, Anita is talking with the officer on duty:

OFFICER: What can I do for you, ma'am?

ANITA: I('ve) come to report a robbery. They have just stolen my purse. It was a red leather purse with the initials A. L.

OFFICER: Calm down, ma'am. Take a seat and tell me what happened.

ANITA: I was waiting for a bus and a man came and grabbed my purse out of my hand.

OFFICER: What was he like? Can you describe him?

ANITA: Yes, he was young, fat, and redheaded. He was about five feet, six inches.

OFFICER: Was he wearing glasses?

ANITA: Yes, and he had a beard and a scar on his forehead. He was wearing blue pants and a white shirt.

In the meantime, Daniel is talking with a traffic officer.

OFFICER: Pull over to the curb and stop the motor. Let me see your driver's license.

DANIEL: What did I do? I'm a foreigner and I don't know the traffic laws.

OFFICER: You were going 50 miles per hour. The speed limit in a residential neighborhood is 30 miles per hour.

DANIEL: I didn't know that I had to drive so slowly around here.

OFFICER: You were going very fast. Besides, your car was weaving and you didn't stop at the stop sign.

DANIEL: I was weaving because I almost ran over a black cat. . . .

OFFICER: I'm sorry, but I have to give you a ticket (fine). . . . Drive carefully!

That night Anita and Daniel were invited to a party, but they refused to go.

DANIEL: The party is at the house of the director of the company. You met him last month.

ANITA: Yes, but for a Tuesday the thirteenth we (have already) had enough bad luck. We are going to stay home!

VOCABULARIO

COGNATES

el (la) **cliente(a)** client
la **inicial** initial
público(a) public

residencial residential
supersticioso(a) superstitious

NOUNS

la **acera, vereda, banqueta** (*Méx.*)
  sidewalk
la **barba** beard
el **barrio** neighborhood
la **cicatriz** scar
el **cuero** leather
la **entrevista** interview

el (la) **extranjero(a)** foreigner
la **frente** forehead
el (la) **gato(a)** cat
el (la) **ladrón(ona)** thief, burglar
los **lentes, anteojos, espejuelos, las gafas**
  eyeglasses
la **ley** law

SEÑALES DE TRÁFICO (Traffic Signs)

Narrow Bridge

Yield

Freeway Begins

Stop

One Way

R.R. Crossing (*ferrocarril*)

Dangerous Curve

Don't Litter

Detour

Danger

No Parking

Pedestrian Crossing

la **multa** (traffic) fine, ticket
el (la) **oficial de guardia** officer on duty
el **pie** foot
el **policía de tránsito (de tráfico)** traffic
  policeman, officer
la **pulgada** inch
el **robo** robbery
el **semáforo** traffic signal
la **señal de parada** stop sign
la **suerte** luck
la **velocidad** speed

VERBS

atropellar to run over
calmarse to calm down
denunciar to report (a crime)
describir to describe
gritar to scream
manejar, conducir to drive
parar to stop
robar to steal, to rob

ADJECTIVES

gordo(a) fat
invitado(a) invited

joven young
pelirrojo(a) redheaded

OTHER WORDS AND EXPRESSIONS

arrime el carro a la acera pull over to the
  curb
bastante, suficiente enough
casi almost
¿cómo es? what is he (she, it) like?
¿cuánto mide Ud? how tall are you? (*lit.,*
  how much do you measure?)
déjeme ver let me see
despacio slow, slowly
ir zigzagueando to weave (*car*)
las leyes de tránsito traffic laws
la licencia para conducir driver's license
llevar puesto(a) to have on
¡maneje con cuidado! drive carefully!
parar (apagar) el motor to stop the motor
poner (dar) una multa to give a ticket
por aquí around here
rápido fast
¡socorro!, ¡auxilio! help!
tan so
la velocidad máxima speed limit

¿CUÁL ES LA RESPUESTA?

Match the questions in column A with the corresponding answers in column B.

	A			B
1.	¿Dónde hay un teléfono público?	......	a.	No, tengo suficiente.
2.	¿Tiene barba?	......	b.	Sí, en la frente.
3.	¿Es extranjero?	......	c.	Porque iba zigzagueando.
4.	¿Usa anteojos?	......	d.	La licencia para conducir.
5.	¿Con quién es la entrevista?	......	e.	En un barrio residencial.
6.	¿Tiene una cicatriz?	......	f.	Sí, es de México.
7.	¿Quién te robó la cartera?	......	g.	Sí, es alto y gordo.
8.	¿Por qué le pusieron una multa?	......	h.	Sí, para leer.
9.	¿Quién atropelló el gato?	......	i.	Cinco pies, diez pulgadas.
10.	¿Cuál es la velocidad máxima aquí?	......	j.	A la acera.
11.	¿Qué necesitas para manejar?	......	k.	En la esquina.
12.	¿Cuánto mide Ud.?	......	l.	El joven pelirrojo.
13.	¿Qué desea?	......	ll.	No, despacio.
14.	¿Dónde viven?	......	m.	Vengo a denunciar un robo.
15.	¿Puede describir al ladrón?	......	n.	Con un cliente.
16.	¿Iba muy rápido?	......	ñ.	30 millas por hora.
17.	¿Necesitas más dinero?	......	o.	No, tiene bigote.
18.	¿A dónde debo arrimar el carro?	......	p.	Un ladrón.

¡VAMOS A CONVERSAR!

A. We want to know what is happening to Anita and Daniel. Tell us.

1. ¿Con quién tenía Daniel una entrevista?

....

2. ¿Qué gritó Anita?

....

3. ¿Qué le robaron a Anita?

....

4. ¿Cómo era la cartera de Anita?

....

5. ¿Con quién habla Anita en la estación de policía?

....

6. ¿Era muy alto el ladrón?

....

7. ¿Puede Ud. describir al ladrón?

....

8. ¿Quién le puso una multa a Daniel?

....

9. ¿Qué le pide el policía de tránsito a Daniel?

....

10. ¿Por qué dice Daniel que él no conoce las leyes de tránsito?

....

11. ¿Por qué iba Daniel muy rápido?

....

12. ¿Dónde no paró Daniel?

....

13. ¿Cómo dice el policía que debe manejar Daniel?

....

14. ¿A dónde están invitados Daniel y Anita?

....

15. ¿Por qué no quiere Anita ir a la fiesta?

....

B. Divide into groups of two and ask each other the following questions, using the *tú* form.

Pregúntele a su compañero(a) de clase...

1. ..... cuáles son sus iniciales.
2. ..... cuánto mide.
3. ..... qué llevaba puesto ayer.
4. ..... si usa lentes para leer.

5. ..... si recuerda el número de su licencia para conducir.
6. ..... qué debe hacer cuando llega a la señal de parada.
7. ..... a qué velocidad maneja casi siempre.
8. ..... si le pusieron una multa alguna vez y por qué.
9. ..... si sabe dónde hay un teléfono público.
10. ..... si sabe dónde queda la estación de policía.
11. ..... si es supersticioso(a).
12. ..... si puede describir a su mejor amigo(a).

¿QUÉ DICE...?

A. We can hear what José is saying, but we can't hear the officer. Provide his side of the conversation.

En la estación de policía

OFICIAL —...

JOSÉ —Me robaron la maleta.

OFICIAL —...

JOSÉ —Yo estaba a la salida del aeropuerto esperando un taxi, y un hombre se llevó mi maleta.

OFICIAL —...

JOSÉ —La maleta era negra. Era una maleta pequeña.

OFICIAL —...

JOSÉ —Sí, el hombre era alto y muy delgado.

OFICIAL —...

JOSÉ —No, no usaba lentes, pero tenía barba y una cicatriz en la frente.

OFICIAL —...

JOSÉ —Llevaba puestos pantalones negros y una camisa verde.

OFICIAL —...

B. Now we can hear *the lady*, but we can't hear *the police officer*. Provide his side of the conversation.

Con el policía de tránsito

POLICÍA —...

SEÑORA — Aquí tiene mi licencia. Pero, ¿qué hice?

POLICÍA —...

SEÑORA — Yo no vi el semáforo.

POLICÍA — . . . .

SEÑORA — No, yo no iba a cincuenta millas por hora.   Yo iba más despacio.

POLICÍA — . . . .

SEÑORA — Yo no sabía que por aquí tenía que manejar a 25 millas por hora.

POLICÍA — . . . .

SEÑORA — Yo no vi ningún gato.

¿QUÉ PASA AQUÍ?

What is going on?   What are these people doing and saying?   Can you tell us?

A. 1. ¿Por qué tiene miedo Juan?

    ....

    2. ¿Es supersticioso?

    ....

B. 1. ¿Cuál es la velocidad máxima?

    ....

    2. ¿A qué velocidad iba el carro?

    ....

    3. ¿Iba zigzagueando?

    ....

    4. ¿Qué cree Ud. que va a hacer el policía?   ¿Por qué?

    ....

C. 1. ¿En qué calle estaba Eva?

    ....

    2. ¿Qué estaba haciendo allí?

    ....

    3. ¿Qué hora era?

    ....

    4. ¿Qué pasó?

    ....

126

5. ¿Qué gritó Eva?

....

6. ¿Qué iniciales tenía la cartera?

....

7. ¿Cómo era el ladrón?

....

8. ¿Iba caminando muy despacio el ladrón?

....

D. 1. ¿Dónde paró el coche?

....

2. ¿Atropelló al perro (*dog*)?

....

3. ¿Por qué debe manejar con cuidado la persona que va en el carro?

....

E. 1. ¿A dónde estaba invitada Lola?

....

2. ¿Fue a la fiesta?

....

3. ¿Qué hizo?

....

4. ¿Qué está haciendo ahora?

....

F. 1. ¿Conocía Ana al director?

....

2. ¿Cuándo lo conoció?

....

3. ¿Qué le dijo Ana al director?

....

4. ¿Qué le dijo el director a Ana?

....

DO YOU REMEMBER THE TRAFFIC SIGNS?

Match the items in column *A* with those in column *B*.

A		B	
1.	Alto	...... a.	One way
2.	Desvío	...... b.	Don't litter
3.	Curva peligrosa	...... c.	Yield
4.	Puente angosto	...... d.	Stop
5.	Peligro	...... e.	Pedestrian crossing
6.	Una vía	...... f.	No parking any time
7.	No tire basura	...... g.	R.R. crossing
8.	Ceda el paso	...... h.	Detour
9.	Comienza la autopista	...... i.	Narrow bridge
10.	Cruce de peatones	...... j.	Dangerous curve
11.	F.C. (ferrocarril)	...... k.	Freeway begins
12.	Prohibido estacionar	...... l.	Danger

SITUACIONES

What would you say in the following situations?

1. You are a police officer. Tell someone to pull over to the curb and stop the motor. Tell him you want to see his driver's license.
2. You were robbed. Tell a police officer that the man who stole your leather suitcase had a beard and a moustache, and a scar on his forehead. Tell him he was wearing gray pants and a red shirt. Tell him also he was about 6 feet, 2 inches tall and was very fat.
3. Someone is very nervous. Tell him to calm down and tell you what happened. Tell him also that there is a public phone in the store if he wants to call the police.
4. Your friend is very superstitious. Tell her it is not bad luck to see a black cat.
5. You are a police officer. Tell a driver that the speed limit in a residential zone (neighborhood) is 25 miles per hour. Tell her also that she must study the traffic laws.
6. You are reporting a reckless driver. Tell the police officer he was redheaded, and he was driving so fast that he almost ran over you.

Y AHORA, ¿QUÉ?

Act out the following situations with a classmate:

1. A person who was robbed, tells a police officer what happened.
2. A police officer talks to someone he stopped for speeding.

UNA ACTIVIDAD

Two students stand on two different "street corners," where they are robbed by two different thieves (if possible, one male and one female). The students both scream for help. Two people come to their aid and give them directions on how to get to the police station, where the students report the robbery. (They talk to different police officers.) The other class members act as witnesses and help describe the two thieves.

READING FOR CONTENT

¡Vamos a leer el diario!

NOTICIAS POLICIALES°

Noticias policiales Police News

Violación°

La señora Olga García fue violada° en su domicilio por un desconocido° que la amenazó° con un cuchillo. La policía sospecha° que es el mismo° hombre que violó a otras mujeres en ese barrio el mes pasado.

Violación Rape

violada raped
desconocido stranger / **amenazó** (he) threatened
sospecha (it) suspects / **mismo** same

Homicidio

Anoche el chofer de la famosa actriz Lola Alvarado la encontró muerta° en el garaje de su casa. La policía arrestó al ex-esposo de la actriz, acusándolo de homicidio. Un vecino declaró que lo vio salir de la casa a la hora del crimen.

muerto(a) dead

Incendio° premeditado[1]

La policía detuvo anoche al dueño del restaurante "La Terraza," acusándolo de prenderle fuego° a su negocio intencionalmente para cobrar° el seguro.° El fuego destruyó el restaurante totalmente. Dos bomberos° sufrieron quemaduras.°

Incendio Fire

prender fuego to set fire
cobrar to collect / **seguro** insurance
bomberos firemen
quemaduras burns

After reading the police news answer the following questions.

1. ¿Dónde encontraron muerta a la actriz Lola Alvarado? ¿Quién la encontró?

....

....

2. ¿A quién arrestó la policía?

....

3. ¿De qué acusó la policía al ex-esposo de la actriz?

....

---

[1]**Incendio premeditado** arson

4. ¿Qué declaró un vecino?

    ....

5. ¿Qué le pasó a la señora Olga García?

    ....

6. ¿Con qué la amenazó el desconocido?

    ....

7. ¿Qué sospecha la policía?

    ....

8. ¿A quién acusó la policía del incendio del restaurante "La Terraza"?

    ....

9. ¿Por qué le prendió fuego a su negocio?

    ....

10. ¿Quiénes sufrieron quemaduras en el incendio?

    ....

Lesson 13

Al volante

Hoy es sábado. Daniel y Anita no durmieron bien anoche, pensando en los problemas del día anterior. La criada les sirvió el desayuno en la terraza. Después decidieron ir de picnic y luego a ver un partido de fútbol. A los dos les gustan mucho los deportes.

DANIEL —Debo ir a una estación de servicio para comprar gasolina. El tanque está casi vacío y nos hace falta aceite. A la vuelta de la esquina hay una gasolinera. ¿Vamos?

En la estación de servicio:

DANIEL —Llene el tanque, por favor. Y déme aceite también.

EMPLEADO —Muy bien, señor. ¿Qué marca de aceite quiere?

DANIEL —Móbil. ¡Ah! Necesito un limpiaparabrisas nuevo. Éste no sirve. ¡Ah! Limpie el parabrisas y póngale agua al radiador, por favor.

Daniel acaba de pagar y se prepara para irse, pero el carro no arranca.

DANIEL —*(Llama al empleado.)* ¡Señor! ¡El motor no arranca! ¿Hay un mecánico aquí?

EMPLEADO —No, señor. ¿Es Ud. socio del club automovilístico? Ellos tienen una grúa para remolcar el carro.

DANIEL —Sí, voy a llamarlos ahora mismo. *(A Anita)* ¡Acabamos de comprar este carro y ya está descompuesto!

En el taller de mecánica:

MECÁNICO —*(Levanta el capó.)* Bueno, Ud. necesita una batería nueva, señor.

DANIEL —¿Eso era todo?

MECÁNICO —No, también tiene una goma pinchada...y el carburador está muy sucio.

DANIEL —¡Qué lío! ¡Ah! ¿Por qué no revisa los frenos, por favor? No funcionan bien.

MECÁNICO —*(Después de revisar los frenos)* Sí, va a tener que dejar el carro aquí, señor. Voy a tener que arreglar los frenos.

DANIEL —¿Cuándo va a estar listo?

MECÁNICO —El lunes, si no necesitamos algunas piezas de repuesto.

DANIEL —Bueno, voy a sacar unos mapas del portaguantes y unas cosas del maletero y se lo dejo. ¡Ah! Me hace falta un gato...

MECÁNICO —Nosotros no vendemos gatos, señor.

ANITA —*(A Daniel)* ¿No pasamos por un parque muy bonito cuando veníamos para acá? ¡Podemos almorzar allí!

DANIEL —Buena idea, porque me duele el estómago. ¡Me estoy muriendo de hambre!

Empiezan a caminar hacia el parque cuando ven que un carro choca con una motocicleta.   Corren a ver qué pasó.   Hay un muchacho en el pavimento.   Le sangra mucho la cabeza.

DANIEL   —*(Grita.)* ¡Hubo un accidente! ¡Llamen una ambulancia!
ANITA   — Aquí viene un policía de tránsito. *(Al policía)* El hombre que manejaba el carro tuvo la culpa. Se pasó la luz roja. Yo anoté el número de la chapa.
POLÍCIA   —¿Cuál es su número de teléfono? Como Uds. vieron lo que sucedió, voy a necesitarlos como testigos.

✱ ✱ ✱

At the Wheel

Today is Saturday.   Daniel and Anita didn't sleep well last night, thinking about the problems of the previous day.   The maid served them breakfast on the terrace.   After having breakfast, they decided to go on a picnic and then to see a soccer game in the afternoon.   They both like sports very much.

DANIEL: I have to go to a service station to buy gasoline. The tank is almost empty and we also need oil. There is a service station around the corner. Shall we go?

At the service station:

DANIEL: Fill the tank, please. And give me (some) oil, too.
ATTENDANT: Very well, sir. What brand of oil do you want?
DANIEL: Mobil. Oh! I need a windshield wiper. This one is no good. Oh, clean the windshield and put water in the radiator, please.

Daniel has just paid and gets ready to leave, but the car won't start.

DANIEL: *(He calls the attendant.)* Sir! The motor won't start! Is there a mechanic here?
ATTENDANT: No, sir. Are you a member of the auto club? They have a tow truck to tow the car.
DANIEL: Yes, I'm going to call them right now. *(To Anita)* We've just bought this car and it's already broken down!

At the repair shop:

MECHANIC: *(He raises the hood.)* Well, you need a new battery, sir.
DANIEL: That was all?
MECHANIC: No, you also have a flat tire and the carburetor is very dirty.
DANIEL: What a mess! Oh! Why don't you check the brakes, please? They don't work well.
MECHANIC: *(After checking the brakes)* Yes, you're going to have to leave the car here, sir. I'm going to have to fix the brakes.
DANIEL: When is it going to be ready?
MECHANIC: Monday, if we don't need any spare parts.
DANIEL: Well, I'm going to take some maps out of the glove compartment and a few things from the trunk and I'll leave it with you. Oh, I need a jack. . . .
MECHANIC: We don't sell jacks, sir.
ANITA: *(To Daniel)* Didn't we go by a very beautiful park when we were coming this way? We can have lunch there!
DANIEL: Good idea, because my stomach hurts. I'm starving to death!

They start walking towards the park when they see a car colliding with a motorcycle.   They run to see what happened.   There is a young boy on the pavement.   His head is bleeding a lot.

DANIEL: *(He shouts.)* There's been (there was) an accident! Call an ambulance!
ANITA: Here comes a police officer. *(To the officer)* The man who was driving the car was to blame. He went through a red light. I wrote down the license number.
OFFICER: What's your phone number? Since you saw what happened, I'm going to need you as witnesses.

VOCABULARIO

COGNATES

el **accidente** accident	la **gasolina** gasoline
la **ambulancia** ambulance	el **mapa** map
la **batería**[1] battery	el (la) **mecánico(a)** mechanic
el **carburador** carburetor	el **parque** park
el **estómago** stomach	el **picnic** picnic
el **fútbol** football, soccer	el **radiador** radiator

NOUNS

el **aceite** oil
el **capó** hood
el **club automovilístico** auto club
la **chapa, placa** license plate
el **deporte** sport
la **estación de servicio, gasolinera** service station
el **freno** brake
el **gato** jack
la **goma** tire
la **grúa,** el **remolcador** tow truck
el **limpiaparabrisas** windshield wiper
la **luz** light
el **maletero** trunk (*of a car*)
la **marca** brand
el **motor** engine, motor
el **parabrisas** windshield
el **partido** game, match
el **pavimento** pavement
el **portaguantes** glove compartment
el (la) **socio(a),** el **miembro** member
el **taller de mecánica** repair shop
el **tanque** tank
el (la) **testigo** witness
el **volante** steering wheel

VERBS

anotar to write down
arrancar to start (*a motor*)
arreglar to fix

funcionar to work, to function
levantar to raise
limpiar to clean
llenar to fill
prepararse to get ready
remolcar to tow
sangrar to bleed
suceder to happen

ADJECTIVES

descompuesto(a) broken (down), out of order
listo(a) ready
sucio(a) dirty
vacío(a) empty

OTHER WORDS AND EXPRESSIONS

a la vuelta de la esquina around the corner
ahora mismo right now
el día anterior the previous day
la goma pinchada the flat tire
hacia toward
hubo un accidente there was an accident
lo que what
no sirve it's no good
para acá towards here, on the way here
pieza de repuesto spare part
¡qué lío! what a mess!
tener la culpa to be at fault

---

[1]Also, el **acumulador**

¿CUÁL ES LA RESPUESTA?

Match the questions in column A with the answers in column B.

<table>
<tr><td colspan="2">A</td><td colspan="2">B</td></tr>
<tr><td>1.</td><td>¿Dónde hay una gasolinera?</td><td>...... a.</td><td>Sí.   843 548.</td></tr>
<tr><td>2.</td><td>¿Vas a llenar el tanque?</td><td>...... b.</td><td>Sí, es uno de los testigos.</td></tr>
<tr><td>3.</td><td>¿Cómo van a remolcar el coche?</td><td>...... c.</td><td>Ahora mismo.</td></tr>
<tr><td>4.</td><td>¿Cuál es el número de la chapa?   ¿Lo anotaste?</td><td>...... d.</td><td>Sí, y siempre los llamo cuando tengo problemas con el coche.</td></tr>
<tr><td>5.</td><td>¿Qué marca de aceite usa?</td><td>...... e.</td><td>No.   Ya estoy lista.</td></tr>
<tr><td>6.</td><td>¿El coche no funciona?</td><td>...... f.</td><td>Unas piezas de repuesto.</td></tr>
<tr><td>7.</td><td>¿Cuál es tu deporte favorito?</td><td>...... g.</td><td>Sí.   ¡Qué lío!   Pero yo no tengo la culpa.</td></tr>
<tr><td>8.</td><td>¿Dónde pusiste el mapa?</td><td>...... h.</td><td>Levantó el capó y miró el motor.</td></tr>
<tr><td>9.</td><td>¿Ud. es socio del club automovilístico?</td><td>...... i.</td><td>Sí, y casi tuvo un accidente.</td></tr>
<tr><td>10.</td><td>¿Ella vio lo que pasó?</td><td>...... j.</td><td>Sí.   Está casi vacío.</td></tr>
<tr><td>11.</td><td>¿Los frenos no funcionan y tienes una goma pinchada?</td><td>...... k.</td><td>Sí.   Está muy sucio.</td></tr>
<tr><td>12.</td><td>¿Hubo un accidente?</td><td>...... l.</td><td>Móbil.</td></tr>
<tr><td>13.</td><td>¿Cuándo vas a llevar el coche al taller de mecánica?</td><td>...... ll.</td><td>En el maletero.</td></tr>
<tr><td>14.</td><td>¿Vas a prepararte para salir?</td><td>...... m.</td><td>Con una grúa.</td></tr>
<tr><td>15.</td><td>¿Vas a limpiar el parabrisas?</td><td>...... n.</td><td>Un coche chocó con una motocicleta.</td></tr>
<tr><td>16.</td><td>¿Qué hizo el mecánico?</td><td>...... o.</td><td>No; está descompuesto.</td></tr>
<tr><td>17.</td><td>¿Dónde está el gato?</td><td>...... p.</td><td>Sí.   Llamen una ambulancia.</td></tr>
<tr><td>18.</td><td>¿Qué necesitan para arreglar el coche?</td><td>...... q.</td><td>En el portaguantes.</td></tr>
<tr><td>19.</td><td>¿Qué sucedió?</td><td>...... r.</td><td>A la vuelta de la esquina.</td></tr>
<tr><td>20.</td><td>¿Se pasó la luz roja?</td><td>...... s.</td><td>El tenis.</td></tr>
</table>

¡VAMOS A CONVERSAR!

A. **Answer the following questions about the dialogue. Use complete sentences.**

  1. ¿En qué estuvieron pensando Daniel y Anita anoche?

  ....

  2. ¿Para qué debe ir Daniel a la gasolinera?

  ....

  3. ¿Qué marca de aceite quiere Daniel?

  ....

  4. ¿Qué necesita el coche de Daniel?

  ....

  5. ¿Qué revisó el mecánico?

  ....

  6. ¿Qué va a sacar Daniel del portaguantes?

  ....

  7. ¿Qué le hace falta a Daniel?

  ....

  8. ¿Por qué le duele el estómago a Daniel?

  ....

  9. ¿Qué hizo el hombre que manejaba el carro?

  ....

  10. ¿Por qué va a necesitar el policía a Anita y a Daniel?

  ....

B. **Now answer the following personal questions.**

  1. ¿Durmió Ud. bien anoche?

  ....

  2. ¿Le hace falta aceite a su carro?

  ....

  3. ¿Hay una gasolinera a la vuelta de la esquina?

  ....

4. ¿Qué marca de aceite prefiere Ud.?

   ....

5. ¿Qué usa Ud. para limpiar el parabrisas de su coche?

   ....

6. ¿Sabe Ud. el número de la chapa de su carro?

   ....

7. ¿Es Ud. socio(a) de algún club automovilístico?

   ....

8. ¿Cuánto pagó Ud. por su carro?

   ....

9. Cuando su carro está descompuesto, ¿lo arregla Ud.?

   ....

10. ¿Tiene Ud. un gato en el maletero?

   ....

11. ¿Funcionan bien los frenos de su carro?

   ....

12. ¿Tiene Ud. mapas en el portaguantes?

   ....

¿QUÉ DICE...?

Using your imagination and the vocabulary learned in this lesson, complete the missing lines of these dialogues.

A. *En la estación de gasolina:*

EMPLEADO —¿En qué puedo servirle, señora?

SEÑORA —..

EMPLEADO —¿Lleno el tanque?

SEÑORA —..

EMPLEADO —¿Qué marca de aceite quiere?

SEÑORA —..

EMPLEADO —Sí, necesita otro limpiaparabrisas.

SEÑORA — ....

EMPLEADO —No señora. No le hace falta agua al radiador.

SEÑORA — ....

EMPLEADO —¿No arranca? Lo siento, señora, pero el mecánico está de vacaciones.

SEÑORA — ....

EMPLEADO —Una grúa puede remolcar el carro hasta allá.

B. *En el taller de mecánica:*

SEÑORA —Mi carro no arranca. ¿Cuál es el problema?

MECÁNICO — ....

SEÑORA —¡Pero la batería es nueva!

MECÁNICO — ....

SEÑORA —¡Qué lío! ¿También tiene el carburador sucio? No es posible...

MECÁNICO — ....

SEÑORA —¿Puede revisar los frenos, por favor? No funcionan muy bien.

MECÁNICO — ....

SEÑORA —¿Cuándo va a estar listo el coche?

MECÁNICO — ....

¿QUÉ PASA AQUÍ?

Answer the questions about the pictures on page 138.

A. 1. ¿Cómo durmió Julio anoche?

....

2. ¿En qué estaba pensando?

....

3. ¿Por qué cree Ud. que Julio estaba pensando en comida?

....

B. 1. ¿Dónde sirvió la criada el almuerzo?

....

138

2. ¿Qué hora era?

....

C. 1. ¿Le gustan a Mario los deportes?

....

2. ¿Qué le gusta hacer a Mario?

....

D. 1. ¿Adónde va Ana?

....

2. ¿Para qué va Ana a la gasolinera?

....

3. ¿Cuánto cuesta la gasolina?

....

4. ¿Tiene algún otro problema el carro de Ana?

....

E. 1. ¿Quién está al volante?

....

2. ¿Cuánto pagó Eva por el carro?

....

3. ¿Qué hizo el mecánico?

....

4. ¿Qué piensa el mecánico que el carro necesita?

....

F. 1. ¿Qué pasó?

....

2. Describa el accidente.

....

....

3. ¿Qué va a hacer Juan?

....

4. ¿Qué va a hacer Lola?

....

5. ¿Qué son Juan y Lola?

....

SITUACIONES

What would you say in the following situations?

1. You are a mechanic. Tell your customer to raise the hood. Tell him the carburetor is very dirty.
2. Tell the mechanic the car won't start. Ask him if he can fix it.
3. You are a police officer. Ask someone what his phone number is. Tell him you're going to need him as a witness.
4. Someone offers you a drink. Tell her you've just drunk a Coke.
5. You're talking to a paramedic. Tell him your friend's head is bleeding. Tell him he's on the pavement and that a car ran into him.
6. You are a police officer. Ask a witness whether she wrote down the number of the license plate of the car that was going toward the park.
7. Ask your friend if he knows what happened. Tell him he must call the auto club right away.
8. There has been an accident. Ask a witness who was at fault.
9. Tell the doctor you weren't able to sleep yesterday because you were thinking about all the problems of the previous day.
10. Tell someone your car has a flat tire. Ask him if he has a jack.

Y AHORA, ¿QUÉ?

Act out the following situations with a classmate:

1. A gas station attendant waits on a customer.
2. A mechanic talks to a customer who has all kinds of problems with his/her car.

ACTIVIDADES

1. Set up two service stations and two repair shops in the classroom. There should be two or three people working in each place. The rest of the class will play the roles of customers. Each customer should go to both the service station and the repair shop.
2. Stage an accident. Give the details (speed limit, where the accident took place, vehicles involved, traffic signs, traffic lights, etc.). The members of the class are the witnesses and will try to decide whose fault it was and why it happened.

Lesson 14

Viajando por tren

Hoy hace un mes que Jorge y Miguel llegaron a Madrid. Ahora han decidido viajar por el sur de España pues desean conocer Andalucía. En este momento están en la estación de trenes.

En el despacho de boletos:

JORGE	—¿Cuándo hay trenes para Sevilla?
EMPLEADO	—Hay dos trenes diarios: uno por la mañana y uno por la noche. El tren de la noche es expreso.
JORGE	—*(A Miguel)* ¿Sacamos pasaje para el rápido?
MIGUEL	—Sí, pero entonces necesitamos literas. *(Al empleado)* ¿Lleva el tren coche cama?
EMPLEADO	—Sí, señor. Lleva coche cama y coche comedor.
JORGE	—Queremos dos literas, una alta y una baja.
EMPLEADO	—¿Quieren el pasaje de ida o de ida y vuelta? El pasaje de ida y vuelta tiene una tarifa especial. Les damos un veinte por ciento de descuento.
MIGUEL	—¿Por cuánto tiempo vale el boleto de ida y vuelta?
EMPLEADO	—Por seis meses, señor.
MIGUEL	—Bueno, déme dos pasajes de ida y vuelta para el sábado, y un itinerario.
EMPLEADO	—Sí, un momentito. Aquí tiene los boletos y el vuelto.
JORGE	—¡Ah! No tenemos que trasbordar, ¿verdad?
EMPLEADO	—No, señor.

El día del viaje:

MIGUEL	—¿De qué andén sale el tren?
JORGE	—Del número cuatro, pero el empleado me ha dicho que tiene una hora de atraso.
MIGUEL	—Bueno, entonces tengo tiempo para comprar una tarjeta postal para Yolanda.
JORGE	—Pero, ¿no le habías escrito ya?
MIGUEL	—Sí, pero quiero mandarle una tarjeta del Museo del Prado.

Después de un largo viaje, Jorge y Miguel han llegado a Sevilla.

MIGUEL	—¡Uf! Nunca había pasado una noche tan mala. No dormí nada.
JORGE	—Pues yo he dormido bien. Oye, tu maleta tiene la cerradura rota.
MIGUEL	—Ya lo sé. Voy a comprar una nueva aquí. Ésta está muy vieja.

Alquilando un coche:

MIGUEL	—Queremos alquilar un coche compacto de dos puertas.
JORGE	—¿Cobran Uds. por los kilómetros?
EMPLEADO	—Depende. Si lo alquila por día, sí; si lo alquila por semana, no. ¿Desea un coche automático o un coche de cambios mecánicos?
MIGUEL	—Preferimos un coche automático. ¿Aceptan Uds. tarjetas de crédito?
EMPLEADO	—No, señor, tiene que pagar en efectivo. ¿Va a sacar seguro?
JORGE	—Sí, es mejor estar asegurado.

EMPLEADO	—Bueno, llene esta planilla, por favor.
JORGE	—Señor, nosotros somos ciudadanos chilenos. ¿Necesitamos un permiso especial para manejar aquí en España?
EMPLEADO	—No, señor. Su licencia para conducir es suficiente.

La tarjeta que Miguel le envía a Yolanda:

Querida Yolanda:
Ayer fuimos al Museo del Prado. ¡Nunca había visto tantos cuadros° de pintores° famosos!

España es un país° maravilloso.° Tiene paisajes° hermosísimos. Vimos las montañas° de la Sierra de Guadarrama y mañana veremos el río° Guadalquivir.

Te voy a escribir desde Sevilla.

Como siempre,°
Miguel

Srta. Yolanda Peña
Ave. Italia 4235
Montevideo,
Uruguay

cuadros paintings / **pintores** painters

país country

maravilloso wonderful / **paisajes** landscapes

montañas mountains

río river

Como siempre As always

* * *

Traveling by Train

Jorge and Miguel arrived in Madrid a month ago today. Now they have decided to travel in the south of Spain because they want to see (know) Andalucia. At this moment they are at the train station.

At the ticket office:

JORGE:	When are there trains to Seville?
CLERK:	There are two trains daily: one in the morning and one in the evening. The evening train is an express.
JORGE:	*(To Miguel)* Shall we buy tickets for the express train?
MIGUEL:	Yes, but then we'll need berths. *(To the clerk)* Does the train have a sleeper?
CLERK:	Yes, sir. It has a sleeper and a dining car.
JORGE:	We want two berths, an upper (berth) and a lower (berth).
CLERK:	Do you want one-way or round-trip tickets? The round-trip has a special rate. We give you a twenty percent discount.
MIGUEL:	How long is the round-trip good for?
CLERK:	For six months, sir.
MIGUEL:	Okay, give me two round-trip tickets for Saturday, and a train schedule.
CLERK:	Yes, just a moment. Here are your tickets and the change.
JORGE:	Oh! We don't have to transfer, do we?
CLERK:	No, sir.

On the day of the trip:

MIGUEL:	What platform does the train leave from?
JORGE:	From number four, but the clerk has told me that it is an hour behind schedule.
MIGUEL:	Okay, then I have time to buy a post card for Yolanda.
JORGE:	But hadn't you written to her already?
MIGUEL:	Yes, but I want to send her a card of the Museo del Prado.

After the long trip Jorge and Miguel have arrived in Seville.

MIGUEL: Gosh! I have never spent such a bad night! I didn't sleep at all.
JORGE: Well, I slept well. Listen, the lock on your suitcase is broken.
MIGUEL: I know, I am going to buy a new one here. This one is very old.
JORGE: Well. . . If we're going to rent a car, we should hurry.

Renting a car.

MIGUEL: We want to rent a two-door, compact car.
JORGE: Do you charge for mileage *(kilometers)*?
CLERK: It depends. If you rent it by the day, we do; if you rent it by the week, we don't. Do you want an automatic or a standard shift?
MIGUEL: We prefer an automatic. Do you accept credit cards?
CLERK: No, sir. You have to pay cash. Are you going to take out insurance?
JORGE: Yes, it's better to be insured.
CLERK: Okay, fill out this form, please.
JORGE: Sir, we are Chilean citizens. Do we need a special permit to drive here in Spain?
CLERK: No, sir. Your driver's license is sufficient.

VOCABULARIO

COGNATES

automático(a) automatic
compacto(a) compact
expreso express

el **kilómetro** kilometer
suficiente sufficient

NOUNS

el **andén** (railway) platform
la **cerradura** lock
el (la) **ciudadano(a)** citizen
el **coche cama** sleeper car (Pullman)
el **coche comedor** dining car
el **descuento** discount
el **despacho de boletos** ticket office
España Spain
la **estación de trenes** railroad station
el **itinerario, horario** schedule, timetable
la **litera** berth
la **litera alta** upper berth
la **litera baja** lower berth
el **permiso** permit
la **planilla** form
el **rápido, expreso** express *(train)*
el **sur** south
la **tarifa** rate
el **tren** train
el **vuelto** change

VERBS

depender (de) to depend (on)
mandar to send
trasbordar to change *(trains, buses,* etc.)

ADJECTIVES

asegurado(a) insured
diario(a) daily
mecánico de cambio standard shift
nuevo(a) new
viejo(a) old

OTHER WORDS AND EXPRESSIONS

de cambios mecánicos standard shift
en efectivo cash
no dormí nada I didn't sleep at all
no hay apuro (prisa) there's no hurry
por ciento percent
¿por cuánto tiempo vale (es válido)? how long is it good *(valid)* for?
por día a (per) day
pues well, for, because
sacar seguro to take out insurance
tan... such a ...
tener...de atraso to be ... behind *(schedule)*
ya lo sé I know

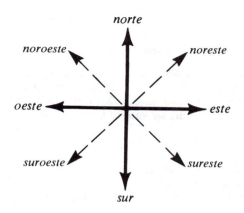

norte

noroeste — noreste

oeste — este

suroeste — sureste

sur

¿CUÁL ES LA RESPUESTA?

Match the questions in column A with the corresponding answers in column B.

A	**B**
1. ¿Cuánto le dieron de vuelto en la estación de trenes?	...... a. Eso depende de si lo alquila por día o por semana.
2. ¿Qué descuento te hicieron?	...... b. En el rápido.
3. ¿Tienes una litera baja?	...... c. Por seis meses.
4. ¿Cobran Uds. por los kilómetros?	...... d. Porque la cerradura está rota.
5. ¿Están en el coche cama?	...... e. No, compacto de cambios mecánicos.
6. ¿De qué anden sale el tren?	...... f. Un itinerario.
7. ¿De qué país son ciudadanos?	...... g. No, tengo que sacar seguro.
8. ¿En qué tren vas a viajar?	...... h. No, en el coche comedor.
9. ¿Tiene un coche automático grande?	...... i. No, a las doce. Tiene dos horas de atraso.
10. ¿Viven en el sur de España?	...... j. El 20 por ciento.
11. ¿Por cuánto tiempo vale el boleto?	...... k. No, en efectivo.
12. ¿Está asegurado su coche?	...... l. No, éste es suficiente.
13. ¿Qué le pidió al empleado?	...... ll. No, no dormí nada.
14. ¿Va a llegar el tren a las ocho?	...... m. De Chile.
15. ¿Pagaste con tarjeta de crédito?	...... n. No, en el norte.
16. ¿Dormiste bien?	...... ñ. No, alta.
17. ¿Por qué no llevaste tu maleta?	...... o. Cinco dólares.
18. ¿Necesito un permiso especial?	...... p. Del número 3.

¡VAMOS A CONVERSAR!

A. We want to know what is happening with Jorge and Miguel. Tell us.

1. ¿Cuánto tiempo hace que Jorge y Miguel llegaron a Madrid?

....

2. ¿Qué parte de España desean conocer ahora?

....

3. ¿Con quién hablan en el despacho de boletos?

....

4. ¿Cuántos trenes diarios hay a Sevilla?

....

5. ¿Pueden Jorge y Miguel dormir en el tren? ¿Por qué?

....

6. ¿Dóndse pueden comer en el tren?

....

7. ¿Qué pasaje tiene una tarifa especial?

....

8. ¿Por cuánto tiempo vale el boleto de ida y vuelta?

....

9. ¿Qué le da el empleado a Jorge?

....

10. ¿Van a hacer un viaje directo Jorge y Miguel? ¿Por qué?

....

11. ¿Cuánto tiempo de atraso tiene el tren?

....

12. ¿Qué le va a mandar Miguel a Yolanda?

....

13. ¿Durmió bien Miguel?

....

14. ¿Por qué va a comprar una maleta nueva Miguel?

....

15. ¿Qué tipo de coche quieren alquilar Jorge y Miguel?

....

16. ¿Si Jorge y Miguel alquilan el coche por una semana, ¿deben pagar por los kilómetros?

....

17. ¿Pueden pagar con tarjeta de crédito por el coche?

....

18. ¿Por qué van a sacar seguro?

....

19. ¿Necesitan un permiso especial para conducir en España o su licencia es suficiente?

....

B. **Divide into groups of two and ask each other the following questions, using the *tú* form.**

Pregúntele a su compañero(a) de clase...

1. ..... qué país desea conocer.
2. ..... si ha viajado por el sur de España alguna vez.
3. ..... si cuando viaja en tren prefiere una litera alta o baja.
4. ..... si cuando va de vacaciones les envía tarjetas postales a sus amigos.
5. ..... si sus padres viven en el norte, en el sur, en el este o en el oeste de los Estados Unidos.
6. ..... si es ciudadano de los Estados Unidos.
7. ..... si su coche es automático o de cambios mecánicos.
8. ..... si su coche está asegurado, ¿con qué compañía?
9. ..... si tiene un coche viejo o nuevo.
10. ..... si prefiere tener un coche grande o un coche compacto.
11. ..... si prefiere ir de vacaciones a la playa o a la montaña.
12. ..... qué pintor prefiere.
13. ..... si siempre paga en efectivo o usa tarjetas de crédito.
14. ..... si ya había tomado una clase de español antes.

¿QUÉ DICE...?

A. **We can hear what *the lady* is saying, but we can't hear *the clerk*. Provide his side of the conversation.**

En la estación de trenes:

SEÑORA —Necesito viajar a Madrid. ¿A qué hora hay trenes?

EMPLEADO —. . . . .

SEÑORA —¿Cuál de ellos es el tren rápido?

EMPLEADO —. . . . .

SEÑORA —Muy bien, deseo un pasaje para el tren rápido.

EMPLEADO —. . . . .

SEÑORA —Sí, por favor. Déme una litera baja.

EMPLEADO —. . . . .

SEÑORA —¿Por cuánto tiempo vale el pasaje de ida y vuelta?

EMPLEADO —. . . . .

SEÑORA —Pues entonces, déme uno de ida solamente. ¿Puedo pagar con tarjeta de crédito?

EMPLEADO —. . . . .

SEÑORA —¿De qué andén sale el tren para Madrid?

EMPLEADO —. . . . .

SEÑORA —No necesito trasbordar, ¿verdad?

EMPLEADO —. . . . .

B. **Now we can hear what *the clerk* is saying, but we can't hear Rosa. Provide her side of the conversation:**

Alquilando un coche:

ROSA —. . . . .

EMPLEADO —¿Va a alquilarlo por día o por semana?

ROSA —. . . . .

EMPLEADO —Depende. Si lo alquila por día, cobramos por los kilómetros.

ROSA —. . . . .

EMPLEADO —Muy bien. ¿Quiere un coche grande o un coche compacto?

ROSA —...

EMPLEADO —¿Desea un coche automático o de cambios mecánicos?

ROSA —...

EMPLEADO —Muy bien. Llene esta planilla, por favor.

¿QUÉ PASA AQUÍ?

What is going on? What are the people in the pictures on page 149 doing and saying? Can you tell us?

A. 1. ¿A qué parte de los Estados Unidos ha decidido viajar Pepe?

....

2. ¿Quiere un pasaje de ida?

....

3. ¿El pasaje de ida y vuelta tiene una tarifa especial?

....

4. ¿Qué descuento le dan si compra un pasaje de ida y vuelta?

....

5. ¿Por cuánto tiempo le han dicho a Pepe que es válido el pasaje?

....

B. 1. ¿Cora está viajando por tren?

....

2. ¿Cómo ha dormido Cora?

....

3. ¿Por qué no ha dormido bien?

....

4. ¿A qué hora creía ella que iba a llegar el tren?

....

5. ¿Ha llegado a esa hora?

....

6. ¿Cuántas horas de atraso tiene el tren?

....

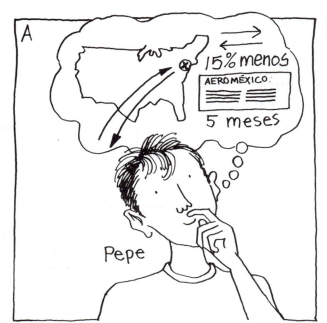

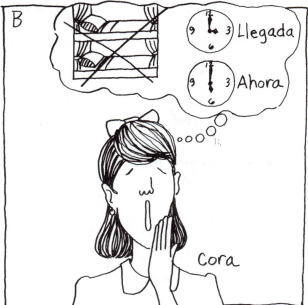

D

Cristo do Corcovado
Río de Janeiro

Querido Juan:
¡Nunca he visto nada tan
hermoso! Hemos tenido
un viaje magnífico y
pensamos quedarnos aquí
por dos semanas. ¿Vas
a esperarnos en el
aeropuerto?

Abrazos,
Rosa

Sr. Juan Valdés
Lima 421
Buenos Aires
Argentina

C. 1. ¿Dónde están Marta y José?

....

2. ¿Qué quieren hacer ellos?

....

3. Describa el coche que quiere alquilar José.

....

4. ¿Cómo quiere pagar Marta?

....

5. ¿Cómo va a pagar José?

....

D. 1. ¿En que país está Rosa?

....

2. ¿Le ha gustado Río de Janeiro?

....

3. ¿Había visto ella un lugar tan hermoso antes?

....

4. ¿Cómo ha sido el viaje?

....

5. ¿Rosa está viajando sola?

....

6. ¿A quién le ha escrito?

....

7. ¿A dónde ha enviado la tarjeta?

....

8. ¿Cuál es la dirección de Juan Valdés?

....

9. ¿Cuánto tiempo piensan quedarse en Río?

....

10. ¿Cómo van a volver a Buenos Aires?

. . . .

SITUACIONES

What would you say in the following situations?

1. You work at the ticket office. Tell a traveler that if he purchases a round-trip ticket, he can get a ten percent discount. Tell him also that the express train leaves at 10:15 P.M.
2. You go to a car rental agency. Tell the employee you want a two-door compact model. Ask him if they charge for mileage. Ask him also if you need a special permit to drive in Spain.
3. You are buying train tickets. Ask the clerk if the train has a sleeper and a dining car.
4. You have just returned from a trip to Brazil. Tell your friends that there are beautiful landscapes and that Rio de Janeiro is a wonderful city.
5. You went camping. Tell your friends you had never spent such a bad night. Tell them also that your stomach hurts.

Y AHORA, ¿QUÉ?

Act out the following situations with a classmate:

1. A clerk at a ticket office and a traveler
2. A clerk at a car rental agency and a customer

UNA ACTIVIDAD

1. Half of the classroom is turned into a train station. (Put up signs with platform numbers, train schedules, etc.) Set up four or five ticket windows with one student working at each window. The other half of the classroom will be turned into two or three car rental agencies with one or two students working at each agency.

Lesson 15

¿Qué hacemos este fin de semana?

Diego y Oscar nunca se aburren. Si no van al cine o al teatro, van a esquiar o a patinar o van a la playa. A veces van a las carreras de automóviles y otras veces van de caza o de pesca, pero siempre se divierten mucho. Este fin de semana van a acampar en la montaña.

DIEGO —¿Dónde está la tienda de campaña?

OSCAR —Está en el garaje. Oye, ¿Raúl y Fernando vendrán con nosotros?

DIEGO —No estoy seguro, porque Raúl dijo que tenía que entregar un coche hoy. Los llamaré por teléfono más tarde.

OSCAR —*(Doblando las bolsas de dormir)* ¡Esto es absurdo, ridículo! ¿Tendré que dormir en el suelo cuando tengo una cama tan cómoda!

DIEGO —Siempre te quejas. ¿Preferirías quedarte en casa este fin de semana?

OSCAR —No, hombre, lo decía en broma... Lo que no sé es si Raúl querrá ir, porque él siempre dice que la carretera que va a la montaña es muy peligrosa.

DIEGO —Él siempre está preocupado por algo... ¡Ah! Aquí están las mochilas. ¿Puedes ponerlas en el maletero, por favor?

OSCAR —Sí. Oye, si llegamos a casa temprano el domingo, ¿quieres ir al cine? En el "Victoria" pasan dos películas francesas muy buenas.

DIEGO —¿Por qué no invitamos a Elisa y a Dora? A ellas les encantaría ir.

OSCAR —Y después iremos a un restaurante a cenar. ¿El "Madrid" está abierto los domingos?

DIEGO —Creo que sí. ¡Ah! ¿A qué hora empieza el partido de básquetbol el próximo domingo?

OSCAR —Carmen dijo que empezaría a las ocho de la noche.

DIEGO —Hablando de Carmen, ¿fue por fin a ver a sus padres?

OSCAR —Sí, porque hacía mucho tiempo que no los veía.

DIEGO —Oye, si queremos pescar en el lago, tendremos que llevar las cañas de pescar.

OSCAR —Sí, pero esta vez tú te encargarás de limpiar los pescados...

What are we doing this weekend?

Diego and Oscar never get bored. If they don't go to the movies or to the theater, they go skiing or skating or they go to the beach. Sometimes they go to car races and other times they go hunting or fishing, but they always have a lot of fun. This weekend, they are going camping on the mountain.

DIEGO: Where is the tent?

OSCAR: It's in the garage. Listen, will Raúl and Fernando come with us?

DIEGO: I'm not sure, because Raúl said that he had to deliver a car today. I'll call them on the phone later.

OSCAR: *(Folding the sleeping bags)* This is absurd, ridiculous! I will have to sleep on the ground when I have such a comfortable bed!

DIEGO: You're always complaining. Would you prefer to stay home this weekend?

OSCAR: No, man, I was joking . . . What I don't know is whether Raúl will want to go, because he always says that the highway (that goes) to the mountain is very dangerous.

153

DIEGO: He's always worried about something . . . Oh, here are the backpacks. Can you put them in the trunk, please?.

OSCAR: Yes. Listen, if we get home early on Sunday, do you want to go to the movies? At the "Victoria" they're showing two very good movies.

DIEGO: Why don't we invite Elisa and Dora? They would love to go.

OSCAR: And then we will go to a restaurant for dinner. Is the "Madrid" open on Sundays?

DIEGO: I think so. Oh! What time does the basketball game start next Sunday?

OSCAR: Carmen said it would start at eight P.M.

DIEGO: Speaking of Carmen, did she finally go see her parents?

OSCAR: Yes, because she hadn't seen them for a long time.

DIEGO: Listen, if we want to go fishing in the lake, we will have to take the fishing poles.

OSCAR: Yes, but this time you will take charge of cleaning the fish . . .

VOCABULARIO

CImaginedOGNATES

absurdo(a) absurd
el **básquetbol** basketball

ridículo(a) ridiculous

NOUNS

la **bolsa de dormir** sleeping bag
la **broma** joke
la **caña de pescar** fishing pole
la **carretera** highway
el **fin de semana** weekend
el **lago** lake
la **mochila** backpack, knapsack
la **montaña** mountain
el **partido** game
el **pescado** fish
el **suelo** ground, floor
la **tienda de campaña** tent

VERBS

aburrirse to get bored
acampar to camp
divertirse (e>ie) to have fun, to have a good time
doblar to fold

encargarse (de) to take charge (of)
entregar to deliver
esquiar to ski
invitar to invite, to ask
patinar to skate
pescar to fish

ADJECTIVES

peligroso(a) dangerous
preocupado(a) worried

OTHER WORDS AND EXPRESSIONS

decir (algo) en broma to joke, to kid
encantarle a uno to love
ir de caza to go hunting
ir de pesca to go fishing
por fin finally
quedarse en casa to stay home
si whether
temprano early

¿CUÁL ES LA RESPUESTA?

Match the questions in column A with the answers in column B.

A	B
1. ¿Para qué quieres el rifle?	...... a. No. No tenemos tienda de campaña.
2. ¿Van a salir?	...... b. Para esquiar.
3. ¿Vas con nosotros el sábado?	...... c. Las sábanas.
4. ¿Van a acampar?	...... d. No, prefiero esquiar.

5. ¿Te divertiste en la fiesta?   . . . . . . e. Sí, y estoy preocupado...

6. ¿Para qué fueron a la montaña?   . . . . . . f. Sí, lo sé.

7. ¿Dormiste en el suelo?   . . . . . . g. ¡Sí, me encanta!

8. ¿Vas a comer pollo?   . . . . . . h. No puedo; yo trabajo este fin de
                                                                     semana.

9. ¿Te gusta patinar?   . . . . . . i. Sí. ¡Por fin! Ya son las cuatro.

10. ¿Qué vas a doblar?   . . . . . . j. Sí, en mi bolsa de dormir.

11. ¿No sabes que esa carretera es peligrosa?   . . . . . . k. Para ir de caza.

12. ¿Tienes un examen mañana?   . . . . . l. Una carrera muy famosa.

13. ¿Podrán terminar el trabajo?   . . . . . . ll. No, me aburrí muchísimo.

14. ¿Indianápolis 500? ¿Qué es eso?   . . . . . . m. Sí, yo me encargo de hacerlo.

15. ¿Te gusta ir de pesca?   . . . . . . n. No, me gusta más el pescado.

16. ¿Volvieron los chicos?   . . . . . . o. No, vamos a quedarnos en casa.

¡VAMOS A CONVERSAR!

A. Answer the following questions about the dialogue.

1. ¿A dónde van Diego y Oscar cuando no van al cine o al teatro?

. . . .

2. ¿A dónde van este fin de semana?

. . . .

3. ¿Qué dijo Raúl que tenía que hacer hoy?

. . . .

4. ¿Dónde dice Oscar que tendrá que dormir?

. . . .

5. ¿Ud. cree que a Oscar le gusta su cama?

. . . .

6. ¿Qué dice siempre Raúl?

. . . .

7. ¿Qué va a poner Oscar en el maletero?

....

8. ¿Por qué quiere ir Oscar al "Victoria"?

....

9. ¿A quiénes les encantaría ir al cine?

....

10. ¿A qué hora dijo Carmen que empezaría el partido de básquetbol?

....

11. ¿Qué tendrán que llevar para pescar en el lago?

....

12. ¿De qué tendrá que encargarse Diego esta vez?

....

B. **Now answer the following personal questions.**

1. ¿Ud. se aburre a veces?

....

2. ¿Qué te gusta hacer los fines de semana?

....

3. ¿Se divirtió Ud. mucho el fin de semana pasado?

....

4. ¿Irán Ud. y sus amigos a acampar este fin de semana?

....

5. ¿Ud. tendrá que dormir en el suelo esta noche?

....

6. ¿Tendrá Ud. que quedarse en casa este fin de semana?

....

7. ¿Le gustaría ir a ver un partido de básquetbol?

....

8. ¿Fue Ud. a ver a sus padres la semana pasada?

....

9. ¿Le gustaría ir a pescar en el lago?

. . . .

10. Si vamos a pescar, ¿se encargará Ud. de limpiar los pescados?

. . . .

¿QUÉ DICE...?

Using your imagination and the vocabulary learned in this lesson, complete the missing lines of this dialogue.

Planes para el fin de semana:

MARTA —. . . . .

EVA —A mí me gustaría ir al lago y acampar allí.

MARTA —. . . . .

EVA —No, no es ridículo; es mejor dormir en el suelo que quedarse en casa un fin de semana.

MARTA —. . . . .

EVA —A mí no me gusta ir a la playa; siempre hay mucha gente.

MARTA —. . . . .

EVA —Tampoco me divierte esquiar.

MARTA —. . . . .

EVA —Ésa es una buena idea. ¡Ah!, si vamos a la montaña podemos llevar nuestras mochilas.

MARTA —. . . . .

EVA —Sí, está bien; vamos a la montaña, pero tendremos que volver temprano el domingo.

MARTA —. . . . .

¿QUÉ PASA AQUÍ?

Answer the questions about the pictures on page 159.

A. 1. ¿Ud. cree que Olga fue al teatro o que se quedó en casa?

. . . .

2. ¿Se divirtió mucho o se aburrió?

. . . .

3. ¿A dónde fue Raquel la semana pasada?

   ....

4. ¿Qué hizo Luis?

   ....

5. ¿Mario fue a pescar?

   ....

6. ¿Mario tuvo que trabajar el fin de semana pasado?

   ....

B. 1. ¿Qué estaba haciendo Jorge mientras Alicia lo observaba?

   ....

2. ¿Quién escribió la novela?

   ....

3. ¿Qué quería hacer Alicia?

   ....

C. 1. ¿Los muchachos van a la playa o a la montaña?

   ....

2. ¿Qué prefiere Ana?

   ....

3. ¿Por qué estaba preocupado Beto?

   ....

4. ¿Qué no trajo Eva?

   ....

5. ¿Cree Ud. que a Rita le gusta la idea de ir a la montaña?

   ....

D. 1. ¿Qué película pasan hoy en el cine Acapulco?

   ....

2. ¿Es una película española o francesa?

   ....

3. ¿Qué están haciendo las personas frente al cine?

....

4. ¿Es muy larga la cola?

....

5. ¿Quién es la última (*last*) persona en la cola?

....

SITUACIONES

What would you say in the following situations?

1. You are talking about some of your favorite activities.
2. Tell a friend that you are going camping this weekend. Ask her if she can lend you the following: a tent, a sleeping bag, a backpack, and a fishing pole.
3. Your friends want to take you camping. Tell them that you prefer to stay home because it is ridiculous to sleep on the ground when you have a very comfortable bed.
4. Suggest to your friends some activities for this weekend: going to the movies or the theater, going to a basketball game, or staying home and watching T.V.

Y AHORA, ¿QUÉ?

Act out the following situations with a classmate:

1. Two friends get ready to go camping. One is not thrilled with the idea, to say the least.
2. Two friends make plans for a weekend in the city.

UNA ACTIVIDAD

The class will be divided into planning groups to decide how the members of the class will spend Christmas vacation. One group will plan all the outdoor activities, and the other group will plan activities that would typically take place in the city. One person from each group will then report on his or her group plans.

READING FOR CONTENT

¡Vamos a leer el diario!

SECCIÓN DE DEPORTES°	**deportes** sports

Tenis

La campeona° brasileña Marisa Ríos venció° a su rival, la chilena Marta Vega. La campeona brasileña ganó todos los *sets* del partido° de tenis.

campeón champion / **venció** defeated

partido match

Boxeo

José López, el campeón peruano de los pesos ligeros° venció al cubano Pedro García en un combate a diez asaltos.° Aunque° la pelea° no terminó por nocaut,° la decisión de los jueces° fue unánime.

pesos ligeros lightweights

asaltos rounds

aunque even though / **pelea** fight / **nocaut** kn

jueces judges

160

Fútbol

Los equipos° Argentina y Paraguay empataron° a dos
goles el juego° de ayer en Montevideo.

equipos teams / empataron (they) tied
juego game

Natación°

En las competencias de natación° que tuvieron lugar° ayer en
la piscina olímpica del Club Náutico resultó ganadora° la
señorita Ada Rivas de Chile. En segundo lugar quedó la
representante de España.

Natación Swimming

competencias de natación swim
   meets / tuvieron lugar (they) took
   place / ganadora winner

Estado del tiempo

Pronóstico° para hoy:
Cielos parcialmente nublados,° posibilidades de algunas
lluvias y temperaturas alrededor de° los 36.°

Pronóstico forecast
nublados cloudy
alrededor de about

Para mañana:
Fuertes aguaceros° por la mañana. Por la tarde claro y
soleado.° Posible descenso de las temperaturas.

fuertes aguaceros heavy showers
claro y soleado sunny and clear

After reading the sports section, answer each of the following questions with a complete sentence.

1. ¿Qué países estaban representados en el partido de tenis?

   ....

2. ¿Qué país ganó el partido?

   ....

3. ¿De qué es campeona Marisa Ríos?

   ....

4. ¿De dónde es José López?

   ....

5. ¿Ganó José López por nocaut?

   ....

6. ¿Cuántos asaltos duró la pelea de boxeo?

   ....

7. ¿Qué país ganó partido de fútbol?

   ....

8. ¿En qué ciudad tuvo lugar el juego?

   ....

9. ¿Cómo terminó el partido?

....

10. ¿Qué tuvo lugar ayer en la piscina del Club Náutico?

....

11. ¿Quién ganó la competencia?

....

12. ¿En qué lugar quedó España?

....

13. Según el pronóstico del tiempo para hoy, ¿va a hacer frío?

....

14. ¿Va a hacer mucho calor mañana?

....

15. ¿Es una buena idea ir mañana por la mañana a la playa? ¿Por qué?

....

16. ¿Qué tiempo va a hacer mañana por la tarde?

....

VOCABULARY REVIEW

A. **Circle the word or phrase that does not belong in each group.**

1. lago, broma, montaña
2. calcetines, bronceador, calzoncillo
3. sábana, almohada, peine
4. máquina de afeitar, navaja, sobre
5. funda, colchón, carretera
6. divertirse, doblar, aburrirse
7. exagerar, dar, entregar
8. gris, rojo, incómodo
9. disco, freno, volante
10. pavimento, pañuelo, acera
11. delgado, gordo, descompuesto
12. casi, bastante, suficiente
13. socorro, rápido, auxilio
14. deporte, partido, mochila
15. gato, cicatriz, barba
16. portaguantes, limpiaparabrisas, suerte
17. Madrid, Arizona, España
18. andén, norte, sur
19. cerradura, coche cama, puerta
20. ser responsable de, encargarse de, pescar
21. revelar, esquiar, patinar
22. horario, litera, itinerario
23. cinturón, planilla, camiseta
24. anteojos de sol, navaja, crema de afeitar
25. tarifa, permiso, descuento

B. **Circle the appropriate word or phrase that best completes each sentence.**

1. Le pagué, pero no me dio el (despacho de boletos, vuelto).
2. Estoy enfermo. No me (siento, preparo) bien.
3. ¿Te gusta esta ciudad? ¡A mí me (lo dice en broma, encanta)!
4. Es mejor estar asegurado. Tienes que (sacar, invitar) seguro.
5. ¡Caramba! Estoy preocupado. El trabajo de mi hijo es muy (listo, peligroso).
6. Necesitan el rifle para (ir de caza, quedarse en casa).
7. No es tarde; es muy (temprano, diario).
8. Puse las cosas en (el maletero, la luz).
9. Voy a (anotar, sangrar) todo lo que dice el profesor.
10. Mi coche no (sucede, arranca). Van a tener que remolcarlo.
11. ¡Qué lío! Tenemos dos horas de atraso. ¡Pero yo no (sirvo, tengo la culpa)!
12. El coche necesita gasolina y (marca, aceite).
13. Voy a pagar (por ciento, en efectivo).
14. ¿Me vas a (trasbordar, mandar) los libros?
15. La casa de Estela está en un (cuero, barrio) muy elegante.
16. Es (un ladrón, extranjero). Robó todo el dinero.
17. No iba rápido; iba muy (invitado, despacio).
18. Arrime el carro a la (entrevista, acera).
19. El coche lo (denunció, atropelló).
20. ¡No grite! ¡Por favor! (¡Describa!, ¡Cálmese!)

C. Crucigrama (Lessons 11-15) Use the clues provided below to complete the crossword puzzle.

HORIZONTAL

3. Si quieres fotografías, tenemos que comprar un rollo de _____ .
5. Compré el traje en el departamento de _____ .
9. Voy a _____ el tanque porque está vacío.
10. Es tarde; tengo que darme _____ .
11. Levantó el capó para revisar el _____ .
13. Cuando acampamos, siempre duermo en mi _____ de dormir.
15. Está muy cerca; está a la _____ de la esquina.
16. No puedo ir más tarde; tengo que ir ahora _____ .

19. Compré papel _____ para el baño.
21. El policía de _____ me dio una multa.
25. lentes
26. placa
27. El ascensor no funciona. Tomen la _____ mecánica.
28. ascensor
29. venta especial
30. No es moreno ni rubio; es _____ .
34. grúa
35. Para acampar, necesito una tienda de _____ .
36. Él vio el crimen; es un _____ .

VERTICAL

1. socio
2. Tengo tos; necesito _____ para la tos.
4. Necesito medicina. Tengo _____ de garganta.
6. Vive en los Estados Unidos, pero no es americano; es _____ .
7. No paró en la _____ de parada.
8. Lo que el mecánico necesita para arreglar el coche son piezas de _____ .
12. Necesito el gato para cambiar la _____ pinchada.
14. Tengo que limpiar el piso porque está muy _____ .
17. Tengo pasta dentífrica, pero no tengo _____ de dientes.

18. No tengo cama; tengo que dormir en el _____ .
20. No puedo escribir porque no tengo papel de _____ .
22. Tuve que parar porque el _____ estaba en rojo.
23. conducir
24. estación de servicio
30. El salmón es un _____ .
31. Tiene sólo veinte años; es muy _____ .
32. No puedo ir de pesca porque no tengo mi _____ de pescar.
33. El fútbol es un _____ .

Lesson 16

Buscando piso

Beatriz y Pilar van a asistir a la Universidad de Madrid, pero no quieren vivir en la residencia universitaria. Ahora están buscando piso y van a la calle Alcalá, donde hay muchos edificios de apartamentos.

Mirando un piso desocupado:

BEATRIZ —Si alquilamos este piso tenemos que pintarlo.

PILAR —Eso no sería ningún problema. Si queremos pintarlo, el dueño del edificio nos dará toda la pintura necesaria.

BEATRIZ —El hombre que nos dio la llave, ¿es el dueño?

PILAR —No, ése es el encargado. El dueño es el señor con quien hablamos ayer por teléfono.

Beatriz entra en la cocina.

BEATRIZ —La cocina es chica, pero como no nos gusta cocinar, no importa.

PILAR —El piso es lindísimo, pero nos hacen falta muebles...

BEATRIZ —Yo quiero que mis padres me den mi cama, una mesita de noche y mi cómoda...

PILAR —¿Te van a dar tu juego de cuarto?

BEATRIZ —No, ellos quieren ponerlo en el cuarto para huéspedes...

PILAR —*(Se ríe).* Yo creo que tus padres quieren que te quedes a vivir con ellos.

BEATRIZ —¡Claro que sí! Yo soy su única hija.

PILAR —Pero ellos son buenísimos contigo. ¿No abrieron una cuenta de ahorros y una cuenta corriente a tu nombre?

BEATRIZ —Sí...aquí tengo mi talonario de cheques. Hoy mismo podemos ir a comprar los muebles.

PILAR —Mis padres me van a regalar una mesa y cuatro sillas para el comedor.

BEATRIZ —Yo voy a pedirles a los míos que me regalen una cocina, porque ésta está muy vieja.

PILAR —Para la sala necesitamos un sofá, dos butacas, una mesa de centro y dos lámparas.

BEATRIZ —¡Y un tocadiscos! ¡Así podremos dar fiestas e[1] invitar a todos nuestros amigos!

PILAR —Va a ser muy divertido, pero te aconsejo que no hagas muchos planes porque tenemos que comprar libros y pagar la matrícula, y no queremos deudas...

BEATRIZ —¡Eres una aguafiestas!

Searching for an apartment

Beatriz and Pilar are going to attend the University of Madrid, but they don't want to live in the dorm. Right now they are looking for an apartment and they go to Alcala street, where there are many apartment buildings.

---

[1]**E** is used instead of **y** (and) when it is placed in front of a word which begins with *i* or *hi:* María **e** Isabel; padres **e** hijos

Looking at a vacant apartment

BEATRIZ: If we rent this apartment we have to paint it.

PILAR: That wouldn't be any problem. If we want to paint it, the owner of the building will give us all the paint we need.

BEATRIZ: Is the man who gave us the key the owner?

PILAR: No, that's the manager. The owner is the man with whom we spoke on the phone yesterday.

Beatriz goes into the kitchen.

BEATRIZ: The kitchen is small, but since we don't like to cook, it doesn't matter.

PILAR: The apartment is very pretty, but we need furniture.

BEATRIZ: I want my parents to give me my bed, a nightstand and my chest of drawers.

PILAR: Are they going to give you your bedroom set?

BEATRIZ: No, they want to put it in the guest room.

PILAR: (*Laughs*) I think your parents want you to stay and live with them.

BEATRIZ: Of course! I'm their only child!

PILAR: But they are extremely good to you. Didn't they open a savings account and a checking account in your name?

BEATRIZ: Yes, here's (I have) my checkbook. Today (This very day) we can go buy the furniture.

PILAR: My parents are going to give me a table and four chairs for the dining room.

BEATRIZ: I'm going to ask mine to give me a stove, because this one is very old.

PILAR: For the living room, we need a sofa, two armchairs, a coffee table, and two lamps.

BEATRIZ: And a record player! That way we'll be able to give parties and invite all our friends.

PILAR: It's going to be a lot of fun, but I advise you not to make many plans, because we have to buy books and pay tuition.

BEATRIZ: You're a party pooper!

VOCABULARIO

COGNATES

la **lámpara** lamp
necesario(a) necessary

el **plan** plan
el **sofá** sofa

NOUNS

el (la) **aguafiestas** party pooper
  la **butaca** armchair
  la **cocina** stove
  la **cómoda** chest of drawers
  la **cuenta** account
  la **cuenta corriente** checking account
  la **cuenta de ahorros** savings account
  la **deuda** debt
  el **edificio de apartamentos** apartment building
  el (la) **encargado(a)** manager (*i.e. of an apartment*)
  el **juego de cuarto** bedroom set
  la **matrícula** tuition
  la **mesa de centro** coffee table
  la **mesa de noche** nightstand, night table
  los **muebles** furniture
  el **piso** (*Spain*), **apartamento** apartment
  la **pintura** paint
  el **talonario de cheques** checkbook
  el **tocadiscos** record player

VERBS

cocinar to cook
pintar to paint
regalar to give (as a gift)

ADJECTIVES

bueno(a) kind, good
desocupado(a) vacant
lindo(a) pretty

OTHER WORDS AND EXPRESSIONS

¡claro que sí! of course!
hoy mismo this very day
no importa it doesn't matter
único(a) hijo(a) only child
Va a ser muy divertido It's going to be a lot of fun

168

¿CUÁL ES LA RESPUESTA?

Match the questions in column A with the corresponding answers in column B.

	A			**B**
1.	¿Dónde pusiste la lámpara?	......	a.	No, es chica.
2.	¿Quién te dio la llave?	......	b.	No, sólo una cómoda y una mesa de noche.
3.	¿Qué muebles necesitas para la sala?	......	c.	No, no tengo el talonario de cheques aquí.
4.	¿Alquilaron ellos una casa?	......	d.	No, ninguno.
5.	¿Abriste una cuenta corriente?	......	e.	No, lo alquilaron ayer.
6.	¿Es muy grande la cocina?	......	f.	Un sofá y dos butacas.
7.	¿Sabe cocinar bien tu hija?	......	g.	Sí, son muy buenos conmigo.
8.	¿Vas a pintar el comedor?	......	h.	¡Claro que sí! Le gusta mucho.
9.	¿Compraron un juego de cuarto nuevo?	......	i.	En la mesa de centro.
10.	¿El apartamento está desocupado?	......	j.	Es muy lindo.
11.	¿Tiene hermanos?	......	k.	No, pocas.
12.	¿Cuándo va a ir?	......	l.	No, no viene, pero no importa.
13.	¿Le va a regalar el sofá a Elsa?	......	ll.	En un edificio de apartamentos.
14.	¿Cómo es el piso que alquilaste?	......	m.	No, es único hijo.
15.	¿Tienes muchas deudas?	......	n.	No, de ahorros.
16.	¿Vas a pagar con un cheque?	......	ñ.	Sí, pero no le gusta hacerlo.
17.	¿Dónde viven?	......	o.	Sí, y compré todo lo necesario.
18.	¿Te van a dar todo lo necesario tus padres?	......	p.	No, un piso.
19.	¿Tienes algún plan para hoy?	......	q.	El encargado.
20.	¿Viene Carlos a la fiesta?	......	r.	Hoy mismo.

¡VAMOS A CONVERSAR!

A. **We want to know what is happening with Beatriz and Pilar. Tell us:**

1. ¿A qué universidad van a asistir Beatriz y Pilar?

    ....

2. ¿Por qué están buscando un piso?

    ....

3. ¿Qué tendrán que hacer las chicas si alquilan el piso?

    ....

4. ¿Van a tener que comprar ellas la pintura? ¿Por qué?

    ....

5. ¿Hablaron las chicas por teléfono con el encargado?

    ....

6. La cocina es chica, pero eso no importa. ¿Por qué?

    ....

7. ¿Le gusta el piso a Pilar? ¿Qué dice ella del piso?

    ....

8. ¿Qué quiere Beatriz que sus padres le den?

    ....

9. ¿Por qué no quieren ellos darle su juego de cuarto?

    ....

10. ¿Qué cree Pilar que quieren los padres de Beatriz?

    ....

11. ¿Tiene muchos hermanos Beatriz?

    ....

12. ¿Qué abrieron los padres de Beatriz para ella?

    ....

13. ¿Qué pueden hacer Pilar y Beatriz hoy mismo?

    ....

14. ¿Qué muebles le van a regalar a Pilar sus padres?

    ....

15. ¿Por qué quiere Beatriz una cocina nueva?

   ....

16. ¿Tienen las chicas todos los muebles para la sala?

   ....

17. ¿Para qué quiere comprar Beatriz un tocadiscos?

   ....

18. ¿Qué le aconseja Pilar a Beatriz?

   ....

19. ¿Qué no quiere tener Pilar?

   ....

20. ¿Por qué dice Beatriz que Pilar es una aguafiestas?

   ....

B. **Divide into groups of two and ask each other the following questions, using the *tú* form.**

Pregúntele a su compañero(a) de clase...

   1. ..... si vive en una casa o en un apartamento.
   2. ..... qué muebles tiene en su cuarto.
   3. ..... qué muebles tiene en la sala de su casa.
   4. ..... si tiene lámparas en su mesa de noche.
   5. ..... si sabe cocinar y si le gusta hacerlo.
   6. ..... si piensa pintar su casa pronto.
   7. ..... si tiene una cuenta de ahorros y una cuenta corriente, ¿dónde?
   8. ..... si ya pagó la matrícula.
   9. ..... si es hijo(a) único(a).
   10. ..... si tiene planes para hoy.

¿QUÉ DICE...?

We can hear what Victor is saying, but we can't hear Jorge. Supply his side of the conversation.

Buscando apartamento:
Jorge y Víctor están buscando un apartamento cerca de la universidad donde van a estudiar.

JORGE —...

VÍCTOR —Sí, hay muchos apartamentos desocupados cerca de la universidad.

JORGE —...

VÍCTOR —A mí también me gustó el apartamento que vimos ayer, pero es demasiado caro.

JORGE —...

VÍCTOR   —¡Estás loco!   No debemos pedirles dinero a nuestros padres.   Ya ellos van a pagar la matrícula.

JORGE   —...

VÍCTOR   —A mí me gusta más el apartamento que está en la calle Bolívar, pero me parece que es pequeño.   ¿Cuál prefieres tú?

JORGE   —...

VÍCTOR   —¿El apartamento que está en el edificio donde vive Carlos?   ¡Es muy feo!

JORGE   —...

VÍCTOR   —Sí, es barato, pero no es cómodo.

¿QUÉ PASA AQUÍ?

What is going on?   What are the people doing and saying in the pictures on page 173? Can you tell us?

A.   1. ¿A dónde va Rita?

....

2. ¿Cómo se llama el edificio de apartamentos?

....

3. ¿Con quién habla Rita?

....

4. ¿Qué le da el encargado a Rita?

....

B.   1. ¿Qué está haciendo José?

....

2. ¿En qué habitación está Jose?

....

3. ¿De qué color es la pintura?

....

4. ¿Qué muebles hay en el cuarto?

....

5. ¿Cómo está la ventana?

....

173

C. 1. ¿Qué haría Mario con cien mil dólares?

   ....

   2. ¿Compraría Mario una casa en la ciudad?

   ....

   3. ¿A dónde querría ir Elena?

   ....

   4. ¿Por qué no puede ir?

   ....

D. 1. ¿Cómo se llama el hombre con quien está hablando Adela?

   ....

   2. ¿De qué le habla Adela a Hugo?

   ....

   3. ¿Tiene Hugo dinero para alquilar el apartamento?

   ....

   4. ¿Puede pedirle dinero a su padre?

   ....

SITUACIONES

What would you say in the following situations?

1. Your friend is looking for an apartment. Tell her that there is a vacant apartment in a very modern apartment building on Juarez Street. Tell her also that you know the manager and that he says it is a very good apartment.
2. Someone asks you what furniture he needs for a living room and a bedroom. Tell him.
3. Tell someone you opened a savings account and a checking account. Add that you already have your checkbook.

Y AHORA, ¿QUÉ?

Act out the following situations with a classmate:

1. Two friends look at a vacant apartment and make comments about it, including the furniture.
2. Two friends discuss their parents.

UNA ACTIVIDAD

1. Four or five real estate agencies are set up in the classroom. Signs reading "Agencia de Bienes Raíces" should be provided. Each agency could have two or more employees. The rest of the students will be the buyers: for example, two or three newlyweds looking for a house or an apartment, students looking for an apartment to rent while they attend college. Apartments may be furnished or unfurnished. Type and size and the location and price of the house or apartment should be discussed. The real estate agents should have a listing of available houses and apartments and should include as many pictures as possible.

Lesson 17

En la sala de emergencia

El esposo de la señora Paz se cayó por la escalera de la estación del subterráneo y su esposa lo llevó al hospital. Hacía diez minutos que estaban en la sala de espera cuando vino la enfermera para llevarlo al consultorio.

ENFERMERA —Quítese la ropa y póngase esta bata, señor. ¿Es usted alérgico a alguna medicina?
SEÑOR PAZ —No, no soy alérgico a ninguna medicina.

Con la doctora:

DOCTORA —¿Qué pasó, señor Paz? ¿Cómo se lastimó?
SR. PAZ —Me caí en la escalera. Me golpeé la cabeza y me corté la frente.
DOCTORA —¿Perdió usted el conocimiento?
SR. PAZ —Por unos minutos.
DOCTORA —Bueno, voy a lavar y desinfectar la herida. Tendré que darle tres puntos. ¿Cuánto tiempo hace que le pusieron una inyección antitetánica?
SR. PAZ —Hace cinco meses.
DOCTORA —Entonces no necesita otra.

La doctora le pone los puntos y le pone una curita.

SR. PAZ —¡Ay! Me duele el tobillo. Creo que me lo rompí.
DOCTORA —Vamos a hacerle una radiografía. Temo que haya fractura. La enfermera lo llevará a la sala de rayos X *(equis).*

Después de ver la radiografía:

DOCTORA —Desgraciadamente, Ud. se fracturó el tobillo. Tendremos que enyesárselo.
SR. PAZ —Espero que no me diga que tendré que usar muletas para caminar.
DOCTORA —Sí, señor. Es necesario que las use por dos semanas.
SR. PAZ —¡Ay, qué mala suerte! Yo estoy de vacaciones aquí y me gustaría ver muchos lugares que todavía no he visto.
DOCTORA —¡Qué lástima! Dentro de una semana le quitaré los puntos. Pídale un turno a la recepcionista. Si le duele el tobillo, tome dos aspirinas.
SR. PAZ —Muy bien, doctora. Ojalá que no me duela mucho. No me gusta tomar calmantes.

Con la recepcionista:

SR. PAZ —Señorita, ¿podría darme un turno para la semana próxima?
RECEPCIONISTA —Sí, señor. El lunes próximo a las tres de la tarde. ¿Tiene Ud. seguro médico?
SR. PAZ —Sí. *(A su esposa)* Espero que el seguro cubra todos los gastos.

In the Emergency Room

Mrs. Paz's husband fell down the stairs at the subway station and his wife took him to the hospital. They had been in the waiting room for ten minutes when the nurse came to take him to the doctor's office.

NURSE: Take off your clothes and put on this gown, sir. Are you allergic to any medicine?
MR. PAZ: No, I'm not allergic to any medicine.

With the doctor:

DOCTOR: What happened, Mr. Paz? How did you get hurt?
MR. PAZ: I fell down the stairs. I hit my head and I cut my forehead.
DOCTOR: Were you unconscious?
MR. PAZ: For a few minutes.
DOCTOR: Well, I'm going to wash and disinfect the wound. I will have to give you three stitches. How long ago did you have a tetanus shot?
MR. PAZ: Five months ago.
DOCTOR: Then you don't need another one.

The doctor gives him the stitches and puts a bandaid on.

MR. PAZ: Ouch! My ankle hurts. I think I broke it.
DOCTOR: We're going to take an X-ray. I'm afraid there's a fracture. The nurse will take you to the emergency room.

After seeing the X-ray:

DOCTOR: Unfortunately, you fractured your ankle. We will have to put it in a cast.
MR. PAZ: I hope you won't tell me I have to use crutches to walk.
DOCTOR: Yes, sir. It is necessary that you use them for two weeks.
MR. PAZ: Oh, what bad luck! I'm on vacation here and I would like to see many places that I haven't seen yet.
DOCTOR: What a shame! In a week I'll remove the stitches. Ask the receptionist for an appointment. If your ankle hurts, take two aspirins.
MR. PAZ: Very well, doctor. I hope it won't hurt much. I don't like to take pain killers.

With the receptionist:

MR. PAZ: Miss, could you give me an appointment for next week?
RECEPTIONIST: Yes, sir. Next Monday at three P.M. Do you have medical insurance?
MR. PAZ: Yes. *(To his wife)* I hope the insurance will cover all the expenses.

VOCABULARIO

COGNATES

alérgico(a) allergic
la **aspirina** aspirin
la **fractura** fracture

el (la) **recepcionista** receptionist
el **tétano** tetanus

NOUNS
la **bata** gown, robe
el **calmante** pain killer
el **consultorio** doctor's office
la **curita** bandaid
los **gastos** expenses
la **herida** wound

la **inyección** shot
la **inyección antitetánica** tetanus shot
las **muletas** crutches
la **radiografía** X-ray
la **sala** room
la **sala de emergencia** emergency room
la **sala de espera** waiting room

la **sala de rayos X**   X-ray room
el **seguro médico**   medical insurance
el **subterráneo, metro**   subway
el **tobillo**   ankle
lastimarse   to get hurt
quitar(se)   to take off
romper(se)   to break
torcer(se) (o›ue) (yo tuerzo)   to twist

VERBS

caerse   to fall down
desinfectar   to disinfect

enyesar   to put in a cast
fracturarse   to fracture
golpear(se)   to hit (*oneself*)

OTHER WORDS AND EXPRESSIONS

¡ay!   ouch
desgraciadamente   unfortunately
hacer una radiografía   to take an X-ray
perder el conocimiento   to be unconscious
poner (dar) puntos   to give stitches
poner una inyección   to give a shot
¡qué lástima!   what a shame (*pity*)!

EL CUERPO HUMANO (The Human Body)

179

¿CUÁL ES LA RESPUESTA?

Match the questions in column A with the answers in column B.

	A			B
1.	¿Te caíste?	......	a.	En la sala de espera.
2.	¿Te rompiste la pierna?	......	b.	Sí, y le van a poner una inyección antitetánica.
3.	¿Vas a tomar el ómnibus?	......	c.	En su consultorio.
4.	¿Te fracturaste el tobillo?	......	d.	Sí, vamos a llevarla a la sala de rayos equis.
5.	¿Dónde están los pacientes?	......	e.	Sí, necesito un calmante.
6.	¿Van a desinfectarle la herida?	......	f.	Sí, y perdí el conocimiento.
7.	¿Cómo vas a caminar?	......	g.	Desgraciadamente, no.
8.	¿Se quitó la ropa?	......	h.	Sí, y tuvieron que enyesármela.
9.	¿Te duele mucho la cabeza?	......	i.	Sí, y tuvieron que darme cinco puntos.
10.	¿Dónde está el doctor?	......	j.	No, me lo torcí.
11.	¿Tiene seguro médico?	......	k.	Sí, y ahora está en la sala de emergencia.
12.	¿Van a hacerme una radiografía?	......	l.	Sí, y me lastimé.
13.	¿Lo trajeron al hospital en una ambulancia?	......	ll.	Sí, y me puse una bata.
14.	¿Te golpeaste la cabeza?	......	m.	No, el metro.
15.	¿Te cortaste la frente?	......	n.	Con muletas.

¿RECUERDA ESTAS PARTES DEL CUERPO?

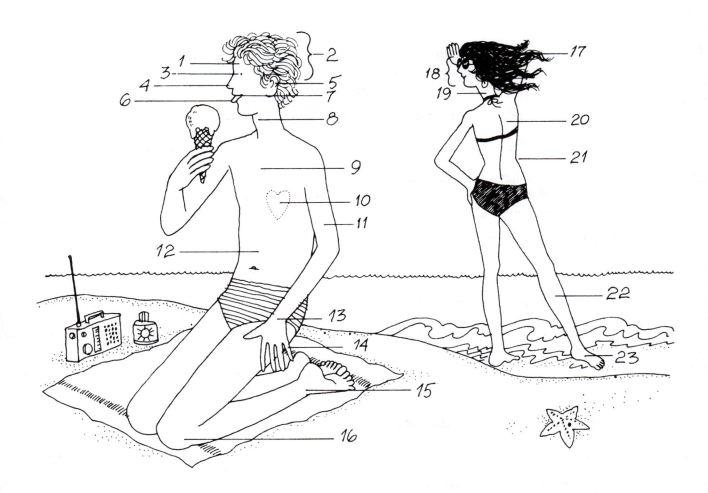

Write the name beside the corresponding number for the parts of the body shown in the picture.

1. . . . .   9. . . . .   17. . . . .

2. . . . .   10. . . . .   18. . . . .

3. . . . .   11. . . . .   19. . . . .

4. . . . .   12. . . . .   20. . . . .

5. . . . .   13. . . . .   21. . . . .

6. . . . .   14. . . . .   22. . . . .

7. . . . .   15. . . . .   23. . . . .

8. . . . .   16. . . . .

181

¡VAMOS A CONVERSAR!

A. Answer the following questions about the dialogue. Use complete sentences.

1. ¿Dónde se cayó el señor Paz?

....

2. ¿A dónde lo llevó su esposa?

....

3. ¿Cuánto tiempo hacía que esperaban cuando vino la enfermera?

....

4. ¿A dónde lo llevó la enfermera?

....

5. ¿Qué se quitó y qué se puso el señor Paz?

....

6. ¿Qué se golpeó y qué se cortó el señor Paz?

....

7. ¿Por cuánto tiempo perdió el conocimiento?

....

8. ¿Qué tuvo que lavar y desinfectar la doctora?

....

9. ¿Cuántos puntos tuvo que darle?

....

10. ¿Por qué no necesita el señor Paz una inyección antitetánica?

....

11. ¿Dónde le hicieron la radiografía al señor Paz?

....

12. ¿Qué tendrá que usar el señor Paz para caminar?

....

13. ¿Qué le gustaría hacer al señor Paz?

....

14. ¿Qué le dice la doctora que haga si le duele el tobillo?

....

15. ¿Cuándo tiene turno el señor Paz?

....

B.   **Now answer the following personal questions.**

1. ¿Es Ud. alérgico(a) a alguna medicina?

....

2. ¿Cuánto tiempo hace que le pusieron una inyección antitetánica?

....

3. ¿Le hicieron una radiografía alguna vez?

....

4. ¿Qué toma Ud. cuando le duele algo?

....

5. ¿Cree Ud. que es una buena idea tener seguro médico?

....

6. ¿Su seguro cubre todos los gastos médicos?

....

7. ¿Ud. vive aquí o está de vacaciones?

....

8. ¿Qué lugares de los Estados Unidos le gustaría visitar?

....

¿QUÉ DICE...?

Using your imagination and the vocabulary learned in this lesson, complete the missing lines of this dialogue.

Con el doctor, en la sala de emergencia:

DOCTOR   —¿Qué le pasó, señor?

PEDRO   — ....

DOCTOR   —¿Cómo se lastimó la pierna?

PEDRO   — ....

DOCTOR   —¿Le duele mucho?

PEDRO   — ....

DOCTOR   —Entonces le haremos unas radiografías.

Después de ver las radiografías:

DOCTOR   —Ud. tiene una fractura en la pierna.   Tendré que enyesársela.

PEDRO   — ....

DOCTOR   —Sí, señor, va a tener que usar muletas para caminar.

PEDRO   — ....

DOCTOR   —Tendrá que usarlas por unas cuatro semanas.

¿QUÉ PASA AQUÍ?

Answer the questions about the pictures:

A. 1. ¿A dónde han traído a Luis?

    ....

    2. ¿Qué le pasó a Luis?

    ....

    3. ¿Le sangra la frente a Luis?

    ....

    4. ¿Qué no quiere Luis que haga la enfermera?

    ....

    5. ¿Qué tipo de inyección cree Ud. que la enfermera le va a poner a Luis?

    ....

B. 1. ¿A dónde lleva la enfermera a José?

    ....

    2. ¿Qué se ha quitado José?

    ....

    3. ¿Qué lleva puesto ahora?

    ....

185

4. ¿Qué le van a hacer a José?

....

C. 1. ¿Dónde está Raúl?

....

2. ¿Qué le pasó a Raúl?

....

3. ¿Qué le hicieron a Raúl?

....

4. ¿Qué tiene Raúl al lado de la cama?

....

5. ¿Por qué es necesario que Raúl use muletas?

....

D. 1. ¿Dónde estaba Laura?

....

2. ¿Qué hacía Laura mientras esperaba?

....

3. ¿Cuánto tiempo hacía que Laura esperaba cuando llegó el doctor?

....

E. 1. ¿Qué se cortó Rosa?

....

2. ¿Le duele mucho la rodilla?

....

3. ¿Con qué le va a desinfectar la herida la enfermera?

....

4. ¿Cuántos puntos cree la enfermera que va a necesitar Rosa?

....

F. 1. ¿Qué le duele a Julio?

....

2. ¿Qué hizo Julio?

....

3. ¿Es necesario que Julio vaya al médico o es mejor que tome Pepto Bismol?

....

SITUACIONES

What would you say in the following situations?

1. You're the doctor. Tell your patient he has a fracture. Tell him you will have to put his leg in a cast.
2. You're the doctor. Tell your patient to ask the receptionist for an appointment for next week.
3. You're the patient. Tell your doctor you fell down and hit your arm. Tell her you think you broke your wrist because it hurts a lot.
4. You're the doctor. Ask your patient if he was unconscious and for how long. Tell him you would like to take some X-rays.
5. You're the doctor. Tell your patient you're going to give him seven stitches on his chin. Ask him how long ago he had a tetanus shot.

Y AHORA, ¿QUÉ?

Act out the following situations with a classmate:

1. A doctor talks with a patient who has a cut on his finger.
2. A doctor gives instructions to a patient who broke her leg.

UNA ACTIVIDAD

Transform the classroom into a hospital emergency room. Put up different signs for the waiting room, the examining room, etc. There will be at least six doctors and two receptionists on duty. The rest of the students will be the patients. Some will have broken arms, legs, etc., and some will have cuts and different aches and pains. Two or three students could play the roles of children who are taken to the emergency room by a parent. (Remember to use the *tú* form of the verb when addressing a child.) The receptionist will get data from the patients and will make appointments for them.

Lesson 18

¡A trabajar!

Doña María, la sirvienta de los López, está enferma, y su hija Rosa ha venido a ayudarle a Anita.

ROSA —¿Qué van a desayunar, señora? ¿Jamón con huevos?

ANITA —Sí. Por favor, haz jamón con huevos para Daniel, y a mí tráeme una taza de chocolate y dos tostadas con mantequilla y jalea o mermelada.

ROSA —¿Cómo preparo los huevos? ¿Fritos, revueltos o pasados por agua?

ANITA —Revueltos. Y trae una jarra de jugo de naranja. Gracias.

Después del desayuno:

ANITA —*(A Daniel)* Oye, cariño, necesito que me ayudes. Limpia el garaje, ¿quieres?

DANIEL —Voy a barrer la terraza primero. Dame la escoba y el recogedor.

ANITA —No te olvides de arreglar el televisor.

DANIEL —Dudo que yo pueda arreglarlo, Anita. Para eso necesitamos a alguien que sepa lo que está haciendo. ¡Llama a un técnico!

ANITA —Entonces saca la basura. La lata de la basura está en la cocina, debajo del fregadero.

DANIEL —Bueno.

ANITA —*(Llama a la criada.)* ¡Rosita! Sacude los muebles y limpia los ceniceros... y después friega las ollas y la sartén, por favor.

ROSA —Bueno. ¿No tengo que ir a la panadería y a la carnicería?

ANITA —No, ve al supermercado después. La lista de lo que necesitamos está en la mesita de noche, debajo de la lámpara.

ROSA —Señora, el tocadiscos está encendido. ¿Lo apago?

ANITA —No, no lo apagues. Súbele el volumen. ¡Ah! Enchufa la plancha. Voy a planchar.

ROSA —¿Pongo el pavo en el horno, señora?

ANITA —No, yo lo hago después. Oye, ¿conoces a alguien que pueda arreglar el televisor?

ROSA —Sí, mi vecino puede arreglárselo. También puede arreglar la tostadora que está descompuesta.

DANIEL —*(Desde el garaje)* ¡Anita! ¿Qué hace el extinguidor de incendios en el garaje? ¡Debería estar en la cocina!

ANITA —Bueno, tráelo. Pero no entres ahora porque el piso de la cocina está mojado...Ah, no...ya está seco...Ven...

Más tarde:

ROSA —Señora, ya pelé las papas y las herví. ¿Qué hago ahora?

ANITA —Pon la mesa, por favor.

La lista de cosas que Rosa debe comprar:

remolachas	aceitunas
espinaca	maní
ajo	mayonesa
apio	salsa de tomate
pepino	carne picada
limón	verduras congeladas

Las cosas que Rosa necesita para poner la mesa:

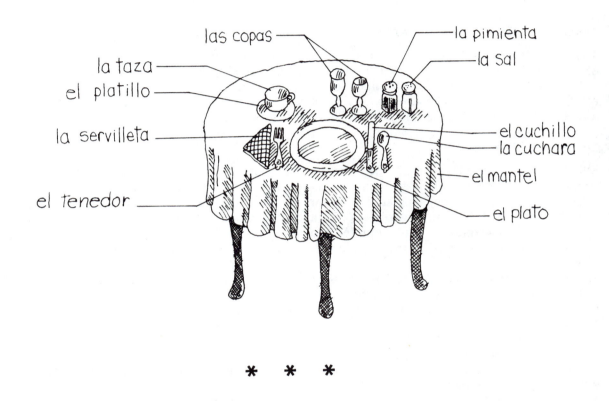

* * *

To Work!

Doña María, the maid who works for the Lopez family, is sick, and her daughter Rosa has come to help Anita.

ROSA: What are you going to have for breakfast, madam? Ham and eggs?
ANITA: Yes. Please make ham and eggs for Daniel, and bring me a cup of (hot) chocolate and two pieces of toast with butter and jam or marmalade.
ROSA: How shall I prepare the eggs? Fried, scrambled, or soft-boiled?
ANITA: Scrambled. And bring a pitcher of orange juice. Thanks.

After breakfast:

ANITA: *(To Daniel)* Listen, love, I need you to help me. Clean the garage, will you?
DANIEL: I'm going to sweep the terrace first. Give me the broom and the dustpan.
ANITA: Don't forget to fix the T.V. set.

DANIEL: I doubt that I can fix it, Anita. For that we need someone who knows what he's doing. Call a technician!

ANITA: Then take out the trash. The trash can is in the kitchen, under the sink.

DANIEL: Okay.

ANITA: *(She calls the maid.)* Rosita! Dust the furniture and clean the ashtrays...and afterwards wash the pots and the frying pan, please.

ROSA: Okay. Don't I have to go to the bakery and to the butcher shop?

ANITA: No, go to the supermarket later. The list of things we need is on the night table, under the lamp.

ROSA: Madam, the record player is on. Shall I turn it off?

ANITA: No, don't turn it off. Turn the volume up. Oh! Plug the iron in. I'm going to iron.

ROSA: Shall I put the turkey in the oven, madam?

ANITA: No, I'll do it later. Listen, do you know anybody who can fix the T.V. set?

ROSA: Yes, my neighbor can fix it for you. He can also fix the toaster, which isn't working.

DANIEL: *(From the garage)* Anita! What's the fire extinguisher doing in the garage? It should be in the kitchen!

ANITA: Okay. Bring it (in). But don't come in now because the kitchen floor is wet. ...Oh, no ...it's already dry. ... Come. ...

Later:

ROSA: Madam, I already peeled the potatoes and boiled them. What shall I do now?

ANITA: Set the table, please.

VOCABULARIO

COGNATES

el **chocolate** chocolate	la **mermelada** marmalade
el **limón** lemon	el **volumen** volume
la **mayonesa** mayonnaise	

NOUNS

la **aceituna** olive
el **ajo** garlic
el **apio** celery
la **basura** trash
la **carne picada,** el **picadillo** ground meat
la **carnicería** butcher shop
el **cenicero** ashtray
la **escoba** broom
la **espinaca** spinach
el **extinguidor de incendios** fire extinguisher
el **fregadero** kitchen sink
el **horno** oven
la **jalea** jam
la **jarra** pitcher, jug
la **lata de la basura** trash can
el **maní, cacahuate** (*Méx.*) peanut
la **olla** pot
la **panadería** bakery
el **pavo, guajolote** (*Méx.*) turkey
el **pepino** cucumber
la **plancha** iron

el **recogedor** dustpan
la **remolacha** beet
la **salsa de tomate** tomato sauce
la **sartén** frying pan
el (la) **sirviente(a)** servant
el (la) **técnico(a)** technician
la **tostada** piece of toast
la **tostadora** toaster
la **verdura** vegetable

VERBS

apagar to turn off, to put out (a fire)
barrer to sweep
enchufar to plug in
fregar (e〉ie) to wash, to scrub
hervir (e〉ie) to boil
olvidar(se) (de) to forget
pelar to peel

ADJECTIVES

congelado(a) frozen
encendido(a) turned on (*electricity*)

frito(a) fried
mojado(a) wet
revuelto(a) scrambled
seco(a) dry

OTHER WORDS AND EXPRESSIONS
cariño, amor love (term of endearment)

debajo de under
pasado por agua soft-boiled
sacar la basura to take out the trash
sacudir los muebles to dust the furniture
subir el volumen to turn up the volume

¿CUÁL ES LA RESPUESTA?

Match the questions in column A with the corresponding answers in column B.

A	B
1. ¿Qué vegetales necesitas?	...... a. No, las ollas.
2. ¿Dónde compraste pan?	...... b. No, no fumo.
3. ¿Qué va a desayunar?	...... c. La escoba y el recogedor.
4. ¿Dónde está la lata de la basura?	...... d. No, no tengo tostadora.
5. ¿Qué necesitas para barrer la cocina?	...... e. No, ya está seco.
6. ¿Hiciste las tostadas?	...... f. No, no voy a planchar ahora.
7. ¿Quién sacó la basura?	...... g. En la panadería.
8. ¿Quiere los huevos fritos o pasados por agua?	...... h. En el horno.
9. ¿Qué compraste en la carnicería?	...... i. No puedo. Están congeladas.
10. ¿Tienes un cenicero?	...... j. Con el extinguidor de incendios.
11. ¿Está encendido?	...... k. Chocolate y tostadas con jalea.
12. ¿Quieres ensalada de remolacha?	...... l. Salsa de tomate.
13. ¿Con qué lo apagaron?	...... ll. No, me olvidé.
14. ¿Enchufaste la plancha?	...... m. La sirvienta.
15. ¿Fregaste la sartén?	...... n. No, apagado.
16. ¿Qué le pusiste a las verduras?	...... ñ. Apio, limón, aceitunas y ajo.
17. ¿Todavía está mojado el piso?	...... o. No, de pepino con mayonesa.
18. ¿Pelaste las papas?	...... p. Picadillo.
19. ¿Dónde pusiste el pavo?	...... q. No, los prefiero revueltos.
20. ¿Vas a servir las verduras ahora?	...... r. Debajo del fregadero.

¡VAMOS A CONVERSAR!

A. **We want to know what is happening with Daniel and Anita. Tell us.**

1. ¿Por qué vino Rosa a ayudar a los López?

....

2. ¿Qué va a desayunar Daniel?

....

3. ¿Con qué va a comer Anita las tostadas?

....

4. ¿Qué van a tomar Anita y Daniel?

....

5. ¿Qué necesita Daniel para barrer la terraza?

....

6. Daniel dice que él no puede arreglar el televisor. ¿A quién va a llamar?

....

7. ¿Qué quiere Anita que haga Rosa?

....

8. ¿Va a ir Rosa a la panadería y a la carnicería?

....

9. ¿Debe apagar el tocadiscos Rosa?

....

10. ¿Por qué quiere Anita que Rosa enchufe la plancha?

....

11. ¿Conoce Rosa a alguien que pueda arreglar el televisor?

....

12. ¿Qué más puede arreglar el vecino de Rosa?

....

13. ¿Dónde está el extinguidor de incendios?

....

14. ¿Está mojado el piso de la cocina?

   ....

15. ¿Qué necesita Rosa para poner la mesa?

   ....

16. ¿Qué debe comprar Rosa en el supermercado en el departamento de verduras?

   ....

B. **Divide into groups of two and ask each other the following questions, using the *tú* form.**

Pregúntele a su compañero(a) de clase...

   1. ..... qué desayunó hoy.
   2. ..... a qué hora toma el desayuno generalmente.
   3. ..... si prefiere comer los huevos fritos o revueltos.
   4. ..... si le gustan las tostadas con mantequilla de maní.
   5. ..... qué mermelada prefiere.
   6. ..... si le gusta el pavo o prefiere el pollo.
   7. ..... si le gusta más la ensalada de lechuga o de pepino.
   8. ..... si cuando va de compras lleva una lista de las cosas que necesita.
   9. ..... si compra el pan en la panadería o en el supermercado.
   10. ..... si cree que es peligroso dejar el horno encendido cuando no hay nadie en la casa.
   11. ..... si tiene un extinguidor de incendios en su coche.
   12. ..... si deja la plancha enchufada cuando no la está usando.

¿QUÉ DICE...?

We can hear what Juana, the maid, is saying, but we can't hear *the lady*. Provide her side of the conversation:

Con Juana, la sirvienta:

SEÑORA —...

SIRVIENTA —Sí, señora. Ya barrí la terraza.

SEÑORA —...

SIRVIENTA —No, todavía no he sacado la basura.

SEÑORA —...

SIRVIENTA —Está debajo del fregadero.

SEÑORA —...

SIRVIENTA —Sí, señora. En seguida lo apago.

SEÑORA —...

SIRVIENTA —No puedo poner la mesa. No encuentro las servilletas.

194

SEÑORA — . . . .

SIRVIENTA —No, no están en la cocina.

SEÑORA — . . . .

SIRVIENTA —¡Ah, sí, es verdad! Están debajo del mantel.

SEÑORA — . . . .

SIRVIENTA —Voy a sacudir los muebles y después voy a enchufar la plancha para planchar.

¿QUÉ PASA AQUÍ?

What is going on? What are the people doing and saying in the pictures on page 196? Can you tell us?

A. 1. ¿Qué está haciendo Lisa?

. . . .

2. ¿Qué quiere Lisa que haga José?

. . . .

3. ¿Qué va a necesitar José para hacerlo?

. . . .

4. ¿Qué quiere hacer José?

. . . .

5. ¿Qué cree Ud. que está tomando José?

. . . .

6. ¿Cree Ud. que José quiere limpiar el garaje ahora? ¿Por qué?

. . . .

B. 1. ¿En qué parte de la casa está Rita?

. . . .

2. ¿Qué cree Ud. que estaba haciendo Rita?

. . . .

3. ¿A quién llama Rita?

. . . .

4. ¿Quién cree Ud. que es Antonio?

....

5. ¿Qué quiere Rita que haga Antonio?

....

6. ¿Dónde está la lata de basura?

....

C. 1. ¿Qué quiere la señora Mena que haga la criada?

....

2. ¿Dónde están los platos?

....

3. ¿Qué quiere hacer la criada primero?

....

4. ¿Qué cree Ud. que va a hacer la criada?

....

D. 1. ¿Está encendido o apagado el tocadiscos?

....

2. ¿Cree Ud. que la señora Ortiz quiere que los niños le suban o le bajen el volumen al tocadiscos?

....

3. ¿Qué tiene el niño en la mano?

....

4. ¿Cree Ud. que los niños están escuchando música clásica o lo duda?

....

E. 1. ¿Para cuántas personas está puesta la mesa?

....

2. Nombre las cosas que hay en la mesa:

1. ....   3. ....

2. ....   4. ....

5. ....   8. ....

6. ....   9. ....

7. ....   10. ....

3. Julio no toma vino (*wine*). ¿Cómo lo sabemos?

....

4. ¿Qué le hace falta a Rosa?

....

5. ¿Qué le hace falta a Julio?

....

F. 1. ¿Qué está haciendo la señora Miño?

....

2. ¿Para cuántas personas prepara la señora Miño la comida?

....

3. ¿Qué va a hacer la señora Miño con las papas?

....

4. ¿Hay alguien ayudando a la señora Miño?

....

SITUACIONES

What would you say in the following situations?

1. A young girl comes to help you with the housework. Tell her to do the following:
    a. Make ham and scrambled eggs
    b. Bring you three pieces of toast with butter and jam
    c. Sweep the garage
    d. Take out the trash
    e. Dust the furniture
    f. Go to the bakery and the butcher shop
    g. Put the turkey in the oven
    h. Bring the fire extinguisher to the kitchen
    i. Peel four potatoes
    j. Set the table

2. You are going to fix breakfast for a friend. Ask her if she wants you to serve her fried or soft-boiled eggs. Ask her also whether she wants jam or marmalade with the toast. Ask her to bring the pitcher of orange juice to the table.

3. Tell your spouse you want him/her to help you (be affectionate!). Tell him/her to ask the maid whether she knows anybody who can fix the record player.

4. Your friend is going shopping. Tell him to bring you frozen vegetables, mayonnaise, a lemon, garlic, olives, celery, beets, and tomato sauce. Tell him not to forget anything.

5. Your friend wants to eat Mexican food. Tell him you also feel like eating Mexican food, but there isn't any restaurant in this city that serves good Mexican food.

6. Tell the children to stay in their bedroom because the kitchen floor isn't dry yet.

Y AHORA, ¿QUÉ?

Act out the following situations with a classmate:

1. Two roommates do things around the house and tell each other what things need to be done.

2. Two roommates prepare a shopping list. (Include vocabulary from other lessons.)

UNA ACTIVIDAD

The classroom turns into a home. The instructor is the father or the mother and the students will play the roles of children. The father or mother will tell the children what to do or what to tell a brother or sister to do. The child will then do it, and then report back to "Dad" or "Mom"—e.g., "*Ya lavé los platos. ¿Qué hago ahora?*" Bring tableclothes, silverware, dusters, brooms, etc., to help the dramatization seem as real as possible.

READING FOR CONTENT

¡Vamos a leer el diario!

NOTICIAS INTERNACIONALES

Naciones Unidas   *Septiembre 20*

La Unión Soviética y Vietnam sufrieron ayer una gran derrota° diplomática cuando la Asamblea General de las Naciones Unidas rehusó° expulsar° a la delegación de Camboya.

derrota defeat
rehusó (it) refused to / **expulsar** to expel

Caracas   *Septiembre 22*

El Ministro de Energía de Venezuela informó que la ayuda financiera de la OPEP (Organización de Países Explotadores de Petróleo)° a las naciones subdesarrolladas° es ocho veces mayor que la ayuda que dan los países industrializados.

petróleo oil / **subdesarrolladas** underdeveloped

San Salvador   *Septiembre 25*

Tres personas murieron anoche en un atentado° contra° la estación de policía. Los terroristas escaparon en un automóvil.

atendado attempt / **contra** against

México   *Septiembre 28*

Aumenta la inflación mundial.° La inflación en los países industrializados aumentó el 20% en junio. La mayor inflación tuvo lugar en la Argentina.

mundial world (*adj.*)

After reading the international news, answer the following questions.

1. ¿Qué países sufrieron una gran derrota en las Naciones Unidas?

   ....

2. ¿Qué rehusó hacer la Asamblea General?

   ....

3. ¿Qué informó el Ministro de Energía de Venezuela?

   ....

4. ¿Qué quiere decir OPEP?

   ....

5. ¿Qué pasó anoche en San Salvador?

   ....

6. ¿Arrestaron a los terroristas?

   ....

7. ¿Cuánto aumentó la inflación en los países industrializados?

   ....

8. ¿Qué país tiene la mayor inflación?

   ....

Lesson 19

Marta va al médico

Marta no se siente bien. Tiene diarrea y náuseas. Llama al médico para pedir un turno.

MARTA	—Necesito ver al doctor hoy mismo. Es urgente.
RECEPCIONISTA	—Una señora acaba de cancelar su turno. Esté aquí a las diez.

Con la enfermera:

ENFERMERA	—Tengo que hacerle algunas preguntas antes de que el doctor la vea.
MARTA	—Muy bien.
ENFERMERA	—¿Hay alguien en su familia que tenga diabetes o asma?
MARTA	—Sí, mi mamá es diabética, pero no tengo ningún pariente que padezca de asma.
ENFERMERA	—¿Hay alguien en su familia que haya muerto de un ataque al corazón?
MARTA	—Sí, mi abuelo.
ENFERMERA	—¿Qué enfermedades tuvo de niña?
MARTA	—Sarampión, rubéola y paperas.
ENFERMERA	—¿Ha sido operada alguna vez?
MARTA	—Sí, me operaron de apendicitis el año pasado.
ENFERMERA	—Ahora voy a pesarla. Súbase a la balanza, por favor. Pesa 115 libras.
MARTA	—¡He perdido cinco libras!
ENFERMERA	—Voy a tomarle la temperatura y la presión. ¿Cuánto hace que está enferma?
MARTA	—Desde anteayer. Me pasé dos días vomitando.
ENFERMERA	—Tiene la presión alta y un poco de fiebre. ¿Qué otros síntomas tiene?
MARTA	—Estoy débil y me duele la espalda. Ojalá no haya pescado una pulmonía.
ENFERMERA	—No lo creo; probablemente sea gripe. ¿Está Ud. embarazada?
MARTA	—No, no estoy embarazada.

Con el médico:

MÉDICO	—Abra la boca y saque la lengua. Ahora respire hondo. Otra vez.
MARTA	—Me duele el pecho cuando respiro, y también me duelen los oídos.
MÉDICO	—Tiene una infección en los oídos. Voy a recetarle unas pastillas.
MARTA	—¿Y para la diarrea, doctor?
MÉDICO	—Voy a darle este líquido. En cuanto llegue a su casa, empiece a tomarlo. Una cucharada cada cuatro horas.
MARTA	—¿Debo volver, doctor?
MÉDICO	—Sí, debe volver dentro de una semana a menos que continúe la fiebre. Si todavía tiene fiebre, debe volver pasado mañana.

Marta Goes to the Doctor

Marta is not feeling well. She has diarrhea and feels nauseated. She calls the doctor to make an appointment.

MARTA: I need to see the doctor today (this very day). It's urgent.
RECEPTIONIST: A lady has just cancelled her appointment. Be here at ten.

With the nurse:

NURSE: I have to ask you some questions before the doctor sees you.
MARTA: Very well.
NURSE: Is there anyone in your family who has diabetes or asthma?
MARTA: Yes, my mother is diabetic, but I don't have any relatives who suffer from asthma.
NURSE: Is there anyone in your family who has died of a heart attack?
MARTA:: Yes, my grandfather.
NURSE: What diseases did you have as a child?
MARTA: I had the measles, German measles, and the mumps.
NURSE: Have you ever been operated on?
MARTA: Yes, I was operated on for appendicitis last year.
NURSE: Now I'm going to weigh you. Step onto the scale, please. You weigh 115 pounds.
MARTA: I've lost five pounds!
NURSE: I'm going to take your temperature and your blood pressure. How long have you been sick?
MARTA: Since the day before yesterday. I spent two days vomiting.
NURSE: Your blood pressure is high and you have a slight fever. What other symptoms do you have?
MARTA: I am weak and my back hurts. I hope I haven't caught pneumonia.
NURSE: I don't think so; it's probably the flu. Are you pregnant?
MARTA: No, I'm not pregnant.

With the doctor:

DOCTOR: Open your mouth and stick out your tongue. Now take a deep breath. Again.
MARTA: My chest hurts when I breathe, and my ears hurt also.
DOCTOR: You have an ear infection. I'm going to prescribe some pills for you.
MARTA: And for the diarrhea, doctor?
DOCTOR: I'm going to give you this liquid. As soon as you get home, start taking it. One spoonful every four hours.
MARTA: Do I have to come back, doctor?
DOCTOR: Yes, you must come back in a week unless the fever continues. If you still have a fever, you must come back the day after tomorrow.

VOCABULARIO

COGNATES

la **apendicitis** appendicitis
el **asma** asthma
diabético(a) diabetic
la **diarrea** diarrhea
la **familia** family

la **infección** infection
el **líquido** liquid
la **náusea** nausea
los **síntomas** symptoms
urgente urgent

NOUNS

la **balanza** scale
la **cucharada** spoonful
la **enfermedad** disease, sickness
la **fiebre** fever

la **gripe** influenza, flu
la **libra** pound
las **paperas** mumps
el (la) **pariente** relative

202

la **presión**   blood pressure
la **pulmonía**   pneumonia
la **rubéola**   German measles
el **sarampión**   measles

VERBS

cancelar   to cancel
continuar   to continue
operar   to operate
padecer (de) (yo padezco)   to suffer (from)
pesar   to weigh
recetar   to prescribe
respirar   to breathe
vomitar   to vomit

ADJECTIVES

alto(a)   high
débil   weak
embarazada   pregnant

OTHER WORDS AND EXPRESSIONS

alguna vez   ever
anteayer   the day before yesterday
ataque al corazón   heart attack
de niño(a)   as a child
desde   since
guardar cama   to stay in bed (*when one is sick*)
pasado mañana   the day after tomorrow
pescar una pulmonía   to catch pneumonia
respirar hondo   to take a deep breath
sacar la lengua   to stick out one's tongue
ser operado(a)   to be operated on
subirse a la balanza   to step onto the scale
tener la presión alta   to have high blood pressure
un poco (de)   a little, a slight

¿CUÁL ES LA RESPUESTA?

Match the questions in column A with the answers in column B.

A

1. ¿Jorge es pariente tuyo?

2. ¿Me va a revisar la garganta?

3. ¿Ud. fue operado alguna vez?

4. ¿Cuánto pesa Ud.?

5. ¿Qué enfermedades tuvo de niño?

6. ¿Cuándo canceló la reservación?

7. ¿Tiene gripe?

8. ¿Cuándo vas a hablarle de tus síntomas?

9. ¿Qué te recetó el médico?

10. ¿Tienes náuseas?

11. ¿Qué problemas tiene ella?

12. ¿Cómo te sientes?

13. ¿Tengo que subirme a la balanza?

14. ¿Murió?

15. ¿Cuántas cucharadas tengo que tomar?

B

...... a. Paperas, rubeola y sarampión.

...... b. ¡Peor! Pesqué una pulmonía.

...... c. Padece del corazón.

...... d. Penicilina.

...... e. Dos.

...... f. Sí, de un ataque al corazón.

...... g. Sí, de apendicitis.

...... h. Sí, voy a pesarlo.

...... i. Sí, es mi primo.

...... j. Ciento quince libras.

...... k. Pasado mañana.

...... l. Sí, abra la boca y saque la lengua.

...... ll. Un poco débil.

...... m. Sí... creo que voy a vomitar.

...... n. Anteayer.

¡VAMOS A CONVERSAR!

A. **Answer the following questions about the dialogue. Use complete sentences.**

1. ¿Por qué tiene que ir Marta al médico?

   ....

2. ¿Cuándo necesita Marta al doctor?

   ....

3. ¿A qué hora tiene que ir Marta al médico?

   ....

4. ¿Qué tiene que hacer la enfermera antes de que el médico vea a Marta?

   ....

5. ¿Qué problema tiene la mamá de Marta?

   ....

6. ¿Qué enfermedades tuvo Marta de niña?

   ....

7. ¿De qué operaron a Marta el año pasado?

   ....

8. ¿Cuántas libras ha perdido Marta?

   ....

9. ¿Qué síntomas tiene Marta?

   ....

10. ¿Qué le duele a Marta cuando respira?

    ....

11. ¿Qué le va a recetar el médico a Marta?

    ....

12. ¿Cuándo tiene que volver Marta al médico si la fiebre continúa?

    ....

B. **Now answer the following personal questions.**

1. ¿Cómo se siente Ud. hoy?

   ....

2. ¿Hay alguien en su familia que tenga asma?

. . . .

3. ¿Ha sido Ud. operado(a) alguna vez?

. . . .

4. ¿Cuánto pesa Ud.?

. . . .

5. ¿Usted tiene la presión alta, baja o normal?

. . . .

6. ¿Ha tenido Ud. pulmonía alguna vez?

. . . .

7. ¿Qué va a hacer Ud. en cuanto llegue a su casa?

. . . .

8. ¿Uds. tienen clase de español pasado mañana?

. . . .

¿QUÉ DICE...?

Using your imagination and the vocabulary learned in this lesson, complete the missing lines of this dialogue.

DOCTOR   —. . . . .

. . . .

PACIENTE   —Me siento mal, me duele la espalda y tengo náuseas.

DOCTOR   —. . . . .

PACIENTE   —Sí, tengo un poco de fiebre, y también tengo diarrea.

DOCTOR   —. . . . .

PACIENTE   —Desde ayer.

DOCTOR   —. . . . .

PACIENTE   —Doctor, si respiro hondo, me duele el pecho. ¿Cree Ud. que tengo pulmonía?

DOCTOR   —. . . . .

PACIENTE   —¿Cuándo van a estar las radiografías?

DOCTOR   —...

PACIENTE   —¿Va Ud. a recetarme algo?

DOCTOR   —...

PACIENTE   —¿Cuándo debo tomar las pastillas?

DOCTOR   —...

PACIENTE   —¿Hasta cuándo debo continuar tomando las pastillas, doctor?

DOCTOR   —...

¿QUÉ PASA AQUÍ?

Answer the questions about the pictures on page 207:

A.   1. ¿Cómo cree Ud. que se siente Jorge?

....

2. ¿Qué le pasa?

....

3. ¿Qué va a hacer Jorge?

....

4. ¿A qué hora le dan turno a Jorge?

....

5. ¿Quién es el doctor de Jorge?

....

6. ¿Cuál es la dirección del doctor Peña?

....

B.   1. ¿Qué hace Mario?

....

2. ¿Cuánto pesa Mario?

....

3. ¿Cree Ud. que Mario debe perder peso?

....

206

207

C. 1. ¿Cuál es el problema de Juan?

....

2. ¿Qué le va a recetar el Dr. Miño?

....

3. ¿Cuántas pastillas tiene que tomar al día?

....

4. ¿Cuándo tiene que tomar Juan el jarabe?

....

5. ¿Cuántas cucharadas de jarabe debe tomar al día?

....

D. 1. ¿Qué le pregunta Ada a la doctora Vidal?

....

2. ¿Cuándo tiene que volver Ada al consultorio de la doctora?

....

3. ¿Dentro de cuántas semanas tiene que volver Ada?

....

E. 1. ¿Todavía tiene fiebre Jorge?

....

2. ¿Cómo cree Ud. que Jorge se siente ahora?

....

3. ¿Cree Ud. que Jorge tiene que volver al consultorio del doctor?

....

4. ¿Cuánto le debe Jorge al doctor Peña?

....

F. 1. ¿Qué le está tomando el doctor Soto a Luis?

....

2. ¿Qué cree Ud. que el Dr. Soto le está diciendo a Luis?

....

3. ¿Qué espera Luis que no haya pescado?

....

SITUACIONES

What would you say in the following situations?

1. Tell your friend you're not feeling well. Tell her you have a fever and ask her to call the doctor and make an appointment for you. Tell her to tell them it's urgent.
2. You are a nurse. Tell your patient you're going to take his blood pressure and his temperature before the doctor sees him.
3. You are a nurse. Ask your patient if he has any relative who has died of a heart attack. Also ask him if he has ever had pains in his chest.
4. You are a patient. Tell the nurse that, as a child, you had (the) three-day measles, the German measles, and (the) mumps. Tell her also they took out your appendix when you were ten years old.
5. You are a nurse. Tell a child to get on the scales because you have to weigh him. Then tell him to stick out his tongue and say "ah".
6. Your friend is sick. Tell him you hope he gets better. Tell him also that he's lucky because his doctor is very good.
7. You are a nurse. Ask your patient if she's pregnant. Ask her if she vomits in the morning.

Y AHORA, ¿QUÉ?

Act out the following situations with a classmate:

1. A nurse asks a patient some general questions, weighs him/her, and takes his/her blood pressure, etc.
2. A patient who has a bad case of the flu consults the doctor.

UNA ACTIVIDAD

There is a flu epidemic. The classroom turns into a clinic staffed with four or five nurses and four or five doctors. The rest of the students will play the roles of patients. Some will be mothers or fathers bringing in a sick child. Bring as many props to class as possible. Tongue depressors, which could also serve as thermometers, belts, or pieces of rope could serve as equipment to take blood pressure. Improvise for stethoscopes, etc. The nurses should write down pertinent information about each patient and hand each patient's medical history to the doctors, who will add to it. (All this information should be turned in to the instructor.)

Lesson 20

¿Quién invita...?

José y Hugo son dos estudiantes latinoamericanos que asisten a la Universidad de California y viven en Los Ángeles. Son compañeros de cuarto y, como la mayoría de los estudiantes, rara vez tienen dinero.

JOSÉ —Si tuviera dinero llevaría a Elsa a ese restaurante nuevo que es tan popular.

HUGO —¿"Mi casita"? Carlos me recomendó que fuera. Dice que la comida allí es sabrosísima.

JOSÉ —¡Pero es carísimo! Oye, ¿por qué no invitas a Lidia?. Podemos usar tu tarjeta de crédito....

HUGO —Bueno. Vamos a llamarlas ahora mismo.

Ese sábado, en el restaurante "Mi casita":

MOZO —Por aquí, por favor. *(Los sienta cerca de los músicos.)* Aquí tienen el menú.

JOSÉ —Voy a pedir chuletas de cordero, brócoli con salsa de queso y una papa al horno o puré de papas.

ELSA —Si yo no tuviera que cuidar la línea, pediría lo mismo.

HUGO —Olvídate de las calorías, chica! ¡Un día es un día!

LIDIA —Tienes razón. Yo quiero sopa de albóndigas, arroz con pollo y ensalada mixta.

HUGO —Carlos me sugirió que pidiera biftec y langosta y sopa de cebollas.

ELSA —Yo voy a comer una ensalada de camarones.

JOSÉ —¿Por qué no pedimos una botella de vino tinto?

El mozo vuelve, anota el pedido y después trae la comida.

JOSÉ —Mozo, le dije que me trajera las chuletas bien cocidas y éstas están casi crudas.

MOZO —Lo siento, señor. Le dije al cocinero que las cocinara bien. Voy a traerle otras.

Media hora después el mozo trae la bandeja con los postres. Lidia pide torta de chocolate, Hugo pide flan con crema, José un helado de vainilla y Elsa decide no comer postre.

HUGO —Un brindis. ¡Salud!

TODOS —¡Salud, dinero y amor!

JOSÉ —Si no tienen planes para el próximo sábado, podemos ir a un concierto o al cine o al teatro. Yo invito.

Cuando terminan de comer, Hugo paga la cuenta, deja la propina y salen.

* * *

Restaurante Mi Casita

Especialidad en Carnes y Mariscos

PARA EL ALMUERZO

Sándwiches

Sándwich de atún	$ 0.80	Papas fritas	$ 0.50
Sándwich de jamón y queso	$ 1.00	Tortilla a la española	$ 0.80
Sándwich de huevo duro y tomate	$ 0.75	Tortilla a la francesa	$ 0.80
Hamburguesa	$ 1.20		

Sopas

Caldo de pollo	$ 0.80	Sopa de fideos	$ 0.75
Sopa de arroz	$ 1.00	Sopa de arvejas (guisantes)	$ 0.85
Sopa de cebollas	$ 1.50		

Ensaladas

De tomate	$ 0.75	Mixta	$ 1.00
De lechuga	$ 0.60	De Papas	$ 1.00
De pepino	$ 0.60		

PARA LA CENA   *Todos los platos de la lista se sirven con entremeses, la sopa del día y ensalada*

Pescados y mariscos

Bacalao	$ 3.00	Trucha	$ 5.00
Langosta	$10.00	Camarones	$ 8.00
Ostras	$ 5.00	Cangrejo	$10.00
Salmón	$ 8.00		

Carne

Albóndigas	$ 2.00	Milanesa	$ 4.00
Biftec (filete)	$ 8.00	Pato asado	$ 8.00
Cordero	$ 8.00	Pavo relleno	$ 5.00
Guisado (guiso)	$ 3.00	Pollo frito	$ 5.00
Lechón asado	$ 5.00		

Postres

Arroz coc leche	$ 0.90	Flan con crema	$ 1.50
Budín	$ 0.90	Helado	$ 0.80
Torta de chocolate	$ 1.00	Gelatina	$ 0.80
Pastel de coco	$ 1.00	Frutas	$ 1.50
Torta de ron	$ 1.50		

Bebidas

Cerveza	$ 1.50	Café	$ 0.50
Champaña	$ 4.00	Té	$ 0.50
Gaseosa	$ 0.80	Chocolate caliente	$ 0.50
Vino blanco	$ 2.00	Jugo de frutas	$ 0.60
Vinto tinto	$ 2.00		

* * *

Whose Treat Is It...?

José and Hugo are two Latin American students who are attending the University of California, and live in Los Angeles. They are roommates and, like most students, they rarely have any money.

JOSÉ: If I had money, I would take Elsa to that new restaurant that's so popular.
HUGO: "Mi casita"? Carlos recommended that I go. He says the food is very good.
JOSÉ: But it's extremely expensive! Listen, why don't you ask Lidia? We can use your credit card . . .
HUGO: Okay. Let's call them right now.

That Saturday, at the "Mi casita" restaurant:

WAITER: This way, please. *(He seats them next to the musicians.)* Here are the menus.
JOSÉ: I'm going to order lamb chops, broccoli with cheese sauce and a baked potato or mashed potatoes.
ELSA: If I didn't have to watch my figure, I'd order the same.
HUGO: Forget the calories, girl! It's only one day!
LIDIA: You're right. I want meatball soup, chicken and rice and a tossed salad.
HUGO: Carlos suggested that I order steak and lobster and onion soup.
ELSA: I'm going to eat a shrimp salad.
JOSÉ: Why don't we order a bottle of red wine?

The waiter comes back, writes down the order and then brings the food.

JOSÉ: Waiter, I told you to bring me the lamb chops well done and these are almost raw.
WAITER: I'm sorry, sir. I told the chef to cook them well. I'll bring you (some) others.

Half an hour later, the waiter brings the dessert tray. Lidia orders chocolate cake, Hugo orders flan *with cream, Jose orders vanilla ice cream, and Elsa decides not to eat dessert.*

HUGO: A toast! Cheers! (To your health!)
ALL: Health, money and love!
JOSÉ: If you don't have (any) plans for next Saturday, we can go to a concert or to the movies or to the theater. My treat.

When they finish eating, Hugo pays the bill, leaves a tip, and they leave.

VOCABULARIO

COGNATES

el **bróculi** broccoli	la **hamburguesa** hamburger
el **budín** pudding	**latinoamericano(a)** Latin American
la **caloría** calorie	**popular** popular
el **coco** coconut	el **ron** rum
el **concierto** concert	el **salmón** salmon
la **especialidad** specialty	el **teatro** theater
la **gelatina** gelatine	la **vainilla** vanilla

NOUNS
las **albóndigas** meatballs
las **arvejas**, los **guisantes**, los **chícharos** peas
el **bacalao** cod

la **bandeja** tray
el **biftec, bisté** steak
el **brindis** toast
el **caldo** broth

el **cangrejo** crab
la **cebolla** onion
el (la) **compañero(a) de cuarto** roommate
el **cordero** lamb
la **cuenta** check, bill
la **chuleta** chop
la **gaseosa** soda pop
el **guisado, guiso** stew
el **helado** ice-cream
la **langosta** lobster
el **lechón** young pig, pork
la **milanesa** breaded veal cutlet
el **mozo, camarero** waiter
el (la) **músico(a)** musician
la **ostra** oyster
el **pastel** pie
el **pato** duck
el **pedido** order
el **postre** dessert
la **propina** tip
la **salsa** sauce
la **sopa** soup
la **torta** cake
la **trucha** trout
el **vino** wine

VERBS

anotar to write down

ADJECTIVES

asado(a) roasted
crudo(a) raw
mixto(a) mixed
relleno(a) stuffed
sabroso(a), rico(a) tasty, delicious

OTHER WORDS AND EXPRESSIONS

ahora mismo right now
arroz con pollo chicken with rice
bien cocido(a) well done
cuidar la línea to watch one's figure
el huevo duro hard-boiled egg
la mayoría de most of
lo mismo the same
lo siento I'm sorry
media hora half an hour
la papa al horno baked potato
las papas fritas French fries
los pescados y mariscos seafood
por aquí this way
el puré de papas mashed potatoes
¡salud! cheers! (To your health!)
la tortilla a la española omelet with potatoes
la tortilla a la francesa omelet
un día es un día It's only one day
vino tinto red wine

¿CUÁL ES LA RESPUESTA?

Match the questions in column A with the corresponding answers in column B.

A

1. ¿Quiere sopa de albóndigas?
2. ¿No vas a comer postre?
3. ¿Cuánto dejaste de propina?
4. ¿Quieres papas fritas?
5. ¿Quieres comer bacalao o salmón?
6. ¿Están bien cocidas las chuletas?
7. ¿De qué es el helado?
8. ¿Van al cine?
9. ¿Cuánto tiempo estuviste allí?
10. ¿Quién pagó la cuenta?
11. ¿Viene todos los días?

B

...... a. No, no como pescado ni mariscos.
...... b. Gaseosa.
...... c. De vainilla.
...... d. No, raras veces.
...... e. El pedido.
...... f. Sí, con langosta.
...... g. Sí, ¡salud, dinero y amor!
...... h. No, de guisantes.
...... i. Mi primo.
...... j. Cinco dólares.
...... k. Sí, la comida es muy sabrosa.

214

12.	¿Es lo mismo?	...... l.	Es latinoamericano.
13.	¿Comiste budín de postre?	...... ll.	No, están casi crudas.
14.	¿Qué anotó el mozo?	...... m.	No, tengo que cuidar la línea.
15.	¿Quiere salsa con el cangrejo?	...... n.	No, es diferente.
16.	¿Un brindis?	...... ñ.	Sí, de tomate.
17.	¿Quiere biftec?	...... o.	Media hora.
18.	¿Es bueno el restaurante?	...... p.	No, al teatro.
19.	¿De dónde es tu compañero de cuarto?	...... q.	No, al horno.
20.	¿Qué van a tomar?	...... r.	No, pastel de coco.

¡VAMOS A CONVERSAR!

A. We want to know what is happening with Hugo and José. Tell us.

1. ¿Qué haría José si tuviera dinero?

   ....

2. ¿Qué dice Carlos de la comida en "Mi casita"?

   ....

3. ¿Qué problema tiene la mayoría de los estudiantes?

   ....

4. ¿A quiénes van a invitar José y Hugo?

   ....

5. ¿Qué va a pedir José en el restaurante?

   ....

6. ¿Por qué no pide lo mismo Elsa?

   ....

7. ¿De qué dice Hugo que debe olvidarse Elsa y por qué?

   ....

8. ¿Qué pide Lidia?

   ....

9. ¿Qué le sugirieron a Hugo que pidiera?

....

10. ¿Cree Ud. que lo que va a comer Elsa tiene muchas calorías?

....

11. ¿Qué van a tomar los chicos?

....

12. ¿Quién anota el pedido?

....

13. ¿Cómo están las chuletas que le trajeron a José?

....

14. ¿Por qué no las quiere?

....

15. ¿Qué le dijo el mozo al cocinero?

....

16. ¿Qué trae el mozo media hora después?

....

17. ¿Cree Ud. que a Lidia le preocupa cuidar la línea? ¿Por qué?

....

18. ¿Qué postre come Hugo?

....

19. ¿Qué helado pide José?

....

20. ¿Por qué cree Ud. que Elsa no come postre?

....

21. Hugo propone un brindis. ¿Qué dicen todos cuando brindan?

....

22. ¿A dónde invita José a sus amigos para el próximo sábado?

....

B. **Divide into groups of two and ask each other the following questions, using the *tú* form.**

Pregúntele a su compañero(a) de clase...

1. ..... si en el restaurante le gusta sentarse cerca de los músicos.
2. ..... si prefiere la tortilla a la española o a la francesa.
3. ..... qué pescados y mariscos prefiere.
4. ..... si le gusta el puré de papas o prefiere papas fritas.
5. ..... si ha comido alguna vez arroz con pollo y si le gustó.
6. ..... si prefiere comer cordero o lechón.
7. ..... si le gusta la carne bien cocida o casi cruda.
8. ..... si preferiría comer un huevo duro o unas chuletas de cordero si tuviera que contar las calorías.
9. ..... si con una torta de chocolate pediría helado de vainilla o de chocolate.
10. ..... si cuando come en un restaurante siempre deja una buena propina.
11. ..... si cuando lo invitan a cenar en un buen restaurante se olvida de contar las calorías.
12. ..... qué cuatro cosas pediría en un restaurante si quisiera guardar la línea.

¿QUÉ DICE...?

We can hear what *the lady* is saying, but we can't hear *the waiter*. Give his side of the conversation:

En el restaurante:

MOZO —...

SEÑORA —Sí, deseo estar cerca de los músicos.

MOZO —...

SEÑORA —No, gracias, no bebo; pero quiero ver el menú.

MOZO —...

Al poco rato:

MOZO —...

SEÑORA —Deseo sopa de guisantes, trucha asada y bróculi con salsa de queso.

MOZO —...

SEÑORA —Sí, tráigame una gaseosa.

MOZO —...

SEÑORA —De postre, deseo arroz con leche.

MOZO —...

El mozo trae la comida:

SEÑORA —Mozo, la sopa está fría. ¿Puede traerme otra, por favor?

MOZO —...

¿QUÉ PASA AQUÍ?

What is going on? What are the people in the pictures on page 219 doing and saying? Can you tell us?

A. 1. ¿Cree Ud. que Beto y Fernando son compañeros de clase o compañeros de cuarto?

....

2. ¿Cree Ud. que Fernando tiene mucho dinero?

....

3. ¿A quién invitaría Fernando si tuviera dinero?

....

4. ¿A dónde la llevaría?

....

5. ¿A dónde le gustaría ir a Beto si no tuviera que estudiar?

....

6. ¿A quién llevaría al cine?

....

B. 1. ¿Qué le dijo Juan a Yolanda?

....

2. ¿Qué le sugirió el mozo?

....

3. ¿Qué decidió pedir Yolanda?

....

4. ¿Cree Ud. que Yolanda va a tomar vino blanco o tinto?

....

5. ¿Cree Ud. que Juan y Yolanda están en una cafetería?

....

218

219

C. 1. ¿Qué está leyendo Mario?

....

2. ¿Qué va a pedir Mario?

....

3. ¿Qué le sugirió Mario a Sara?

....

4. ¿Por qué cree Ud. que Sara no va a pedir helado?

....

D. 1. ¿Qué le preguntó Jorge a Nélida?

....

2. ¿Qué le dijo Nélida a Jorge?

....

3. ¿Para qué cree Ud. que Jorge quiere el teléfono de Nélida?

....

E. 1. ¿Qué le dijo Lola a Jorge?

....

2. ¿Quién pagó la cuenta?

....

3. ¿Dejó Jorge una buena propina?

....

4. ¿Cuánto dejó de propina?

....

5. ¿Cree Ud. que la camarera está contenta con la propina?

....

SITUACIONES

What would you say in the following situations?

1. Call a restaurant and make reservations for four at eight o'clock. Tell them you would like a table near the musicians.
2. You're at a nice restaurant with a friend. Tell your friend you suggest oysters and roast duck, and half a bottle of white wine. Tell him/her everything is very tasty at this restaurant.

3. Tell your friend that if she didn't have to watch her figure, you would give her (some) cake or a piece of coconut pie.
4. Propose a toast to the instructor and the students. Say, "cheers, health, money and love!"
5. You and your friend are at a restaurant and the waiter brings you the wrong order. Tell him you told him to bring you breaded veal cutlet, not pork. And tell him you ordered beer, not wine. Tell him you want *gelatine* for dessert.
6. You are a waiter (waitress). Tell your customers you suggest the soup of the day, crab salad, and stuffed turkey. Ask them what they would like to drink.

Y AHORA, ¿QUÉ?

Act out the following situations with a classmate:

1. Two friends at a restaurant discuss the menu and try to decide what to order.
2. The waiter or waitress speak with a person who is ordering food at the restaurant.

ACTIVIDADES

1. The class will be turned into a restaurant. Three or four students will play the roles of waiters and waitresses. (The number will depend on class size.) The rest of the students will be divided into groups of three or four. The waiters and waitresses will pass out the menus (after the customers ask for them) and take orders. The customers will then ask for the bill, discuss ways of paying (i.e., credit cards, traveler's checks, U.S. currency), and leave a tip according to how much they spent on the dinner and how good the service was.
2. With vocabulary from various lessons, prepare a dinner menu and turn it in to the instructor.

READING FOR CONTENT

¡Vamos a leer el diario!

NOTAS DE SOCIEDAD

Compromiso

El señor Miguel Urbieta y la señorita Yolanda Peña anunciaron su compromiso° el doce de septiembre del corriente año. La simpática pareja° planea la boda° en la Catedral el veinte de junio.

compromiso engagement
pareja couple / boda wedding

Boda

Ayer se celebró la boda de la señorita Rosa García con el señor José Peña en la Iglesia de la Inmaculada Concepción. La pareja anunció que pasaría la luna de miel° en Río de Janeiro. Nuestras felicitaciones al nuevo matrimonio.°

luna de miel honeymoon
matrimonio married couple

Cumpleaños

Rodeada de° sus amigos, celebró sus quince años la señorita Carmen Barreto. La fiesta tuvo lugar en el Club Primavera.

Rodeada de Surrounded by

Para Europa

Salen en estos días para Inglaterra,° Holanda y Alemania° el señor Mario Arias y señora Ada Pérez de Arias, acompañados de su hija Marisa. Los despedimos,° deseándoles unas espléndidas vacaciones por el Viejo Continente.

Inglaterra England / Alemania Germany
Los despedimos We say farewell to them

221

After reading the society news, answer the following questions with a complete sentence.

1. ¿Quiénes anunciaron su compromiso en el mes de septiembre?

   ....

2. ¿Dónde planea casarse la pareja?

   ....

3. ¿Dónde van a pasar la luna de miel Rosa y José?

   ....

4. ¿Dónde celebraron su boda?

   ....

5. ¿Dónde celebró su cumpleaños Carmen Barreto?

   ....

6. ¿De quiénes estuvo rodeada la señorita Barreto?

   ....

7. ¿Para dónde sale el matrimonio Arias? ¿Quién los acompaña?

   ....

8. ¿Qué les desean al despedirlos?

   ....

UNA RECETA DE COCINA

Croquetas de carne

Ingredientes para las croquetas:

1 libra de carne
1/2 libra de jamón
1 taza de puré de papas
1/2 taza de queso rallado°

rallado grated

Ingredientes para el empanizado:°

empanizado breaded mix

2 o 3 huevos
pan rallado°

pan rallado bread crumbs

Preparación:

Hierva la carne, muélala junto° con el jamón. Agregue° el puré de papas y el queso rallado poco a poco hasta formar una pasta. Tome pequeñas porciones de la pasta y déles una forma oval. Bata° los huevos. Moje° las croquetas en los huevos, cubriéndolas bien. Páselas° por el pan rallado y fríalas° en aceite caliente.

muélala junto grind it together / **Agregue** Add

Bata Beat / **Moje** Dip
Páselas Roll them
fríalas fry them

Assignment: Prepare some "croquetas," and "¡buen provecho!" (enjoy your meal!).

222

LESSONS 16–20

VOCABULARY REVIEW

A.   **Circle the word or phrase that does not belong in each group.**

1. ajo, aceituna, recogedor
2. basura, arvejas, remolacha
3. bacalao, carne picada, butaca
4. cordero, camarones, cangrejo
5. cuchara, coco, cuchillo
6. apio, tostada, bróculi
7. barrer, huevo duro, escoba
8. fuego, extinguidor de incendios, espinaca
9. pavo, pato, pastel
10. guisantes, chícharos, gaseosa
11. lechón, vino tinto, ron
12. ahora mismo, en seguida, pasado mañana
13. cocina, plancha, horno
14. jalea, jugo, mermelada
15. sufre, come, padece
16. fracturarse, desinfectarse, romperse
17. milanesa, mesita de noche, puré de papas
18. Tostadora, tocadiscos, cocina

19. asado, débil, bien cocido
20. pela, pastilla, cuchillo
21. receta, pasado por agua, revuelto
22. sarampión, pescados y mariscos, paperas
23. limón, enfermedad, naranja
24. respiramos, damos, regalamos
25. tortilla, langosta, tenedor
26. saca la basura, saca la lengua, sacude los muebles
27. ser operado, pesarse, subirse a la balanza
28. un brindis, enfermedad, ¡salud!
29. cuenta corriente, cenicero, talonario de cheques
30. caerse, lastimarse, olvidarse
31. criada, durazno, sirvienta
32. panadería, hospital, carnicería
33. arroz con pollo, papas fritas, pariente
34. mantel, vestido, servilleta
35. una taza, una cucharada, una compra

B.   **Circle the appropriate word or phrase that best completes each sentence.**

1. Para (postre, pedido) quiero torta de chocolate.
2. Puse la (deuda, lámpara) en la mesita de noche.
3. Hoy es sábado.   Anteayer fue (miércoles, jueves).
4. ¡Qué lastima!   Murió de un ataque al (dedo, corazón).
5. La enfermera me puso una (olla, curita) en la herida.
6. Necesito un poco de vainilla para (las chuletas, el flan).
7. Tengo gripe, pero no puedo tomar aspirina porque soy (linda, alérgica) a ella.
8. Tráeme verduras (canceladas, congeladas) del supermercado.
9. Voy a pedir (caldo, cucharita) de pollo.
10. No está bien cocido.   Está casi (frito, crudo).
11. Póngase esta (bata, jarra) antes de ir a la sala de rayos X.
12. para caminar va a tener que usar estas (balanzas, muletas).
13. Es necesario llevarlo a la sala de (espera, emergencia) porque tuvo un accidente.
14. La lata de basura está debajo (de la sartén, del fregadero).
15. Tiene diarrea y está vomitando.   Debe ir al (profesor, médico).

16. No tiene dinero para pagar sus deudas porque tiene muchos (metros, gastos).
17. Me siento muy débil. Debo ir al apartamento a (trabajar, descansar).
18. El seguro médico pagó la (garganta, cuenta) del hospital.
19. Voy a enchufar la (albóndiga, plancha).
20. Va a tener un bebé. Está (embarazada, enferma).
21. Le van a (quitar, desinfectar) la herida.
22. Pagó la cuenta y le dejó una buena (propina, rodilla) al mozo.
23. ¡Ponte el abrigo! ¡Vas a pescar una (pulmonía, papa al horno)!
24. Perdió el (conocimiento, pepino) cuando se golpeó la cabeza.
25. ¡Ay! Me (torcí, herví) el tobillo.
26. ¿Dónde están los platos? Voy a (poner, barrer) la mesa.
27. El mozo anota (la butaca, el pedido) y se va.
28. Por aquí, por favor. La mesa de Uds. está (cerca de, debajo de) los músicos.
29. Pedí pavo (relleno, desocupado).
30. Respire (hondo, sabroso), por favor.
31. ¿Puedes (pintarle, subirle) el volumen al tocadiscos?
32. No hay ningún técnico que pueda arreglar este (tocino, televisor).
33. Desgraciadamente no puedo (cocinar, continuar) el viaje.
34. Pesa 150 (libras, rubéolas).
35. Compré el picadillo en la (panadería, carnicería).
36. Tiene fiebre y el doctor le va a (recetar, cancelar) unas pastillas.
37. Cariño, ¿quieres un (poco, rato) de café?
38. ¿Por qué no quieres ir conmigo al baile? ¡Eres una (aguafiesta, ostra)!

C. Match the questions in column A with the corresponding answers in column B.

A	B
1. ¿Tiene la presión normal?	...... a. Porque está embarazada.
2. ¿Está apagado el tocadiscos?	...... b. No, padece del corazón.
3. ¿Qué enfermedades tuvo de niño?	...... c. No, puedo esperar.
4. ¿Es diabético?	...... d. No, salsa de tomate.
5. ¿Se lo dijiste?	...... e. Lo mismo.
6. ¿Quieres mayonesa con los guisantes?	...... f. Sí, el año pasado.
7. ¿Es urgente?	...... g. No, de cebolla.
8. ¿Tuviste pulmonía alguna vez?	...... h. Desde enero.
9. ¿Por qué tiene náuseas?	...... i. No, alta.
10. ¿Desde cuándo vives aquí?	...... j. Sí, con langosta.
11. ¿Quieres comer trucha?	...... k. Paperas y rubéola.

12. ¿Tomaste sopa de tomate?   . . . . . . l. No, encendido.

13. ¿Vas a pedir biftec?   . . . . . . ll. No, me olvidé.

14. Yo quiero una ensalada mixta. ¿Y tú?   . . . . . . m. No, no me gusta el pescado.

D.   Crucigrama (Lessons 16–20) Use the clues provided below to complete the crossword puzzle.

HORIZONTAL

1. cama, mesa, sillas, butaca, etc.
6. No puedo comer postre. Tengo que cuidar la _____ .
9. Puedo comprar una en McDonald's.
10. Lo que dejamos para el mozo.
12. Opuesto de **enciendo.**
13. guajolote
16. oficina de un médico
17. Opuesto de **seco.**
18. Carlos es mi _____ de cuarto.
20. cacahuate
21. Este _____ y estas servilletas no hacen juego.

22. Por _____ , por favor.
24. apartamento, en España
26. El camarero trae la _____ con los postres.
29. La uso para preparar un sándwich.
30. Quiero un _____ de vainilla.
32. La necesito para pintar.
33. El mozo _____ el pedido.
34. No nos vamos mañana. Salimos hoy _____ .
36. "Jell-O" es una marca de _____ .
37. La sirvienta sacó la lata de _____ .

VERTICAL

1. Tengo que pagar la _____ para poder asistar a la universidad.
2. Friego los platos en el _____ .
3. Necesito mi _____ de cheques.
4. Le voy a poner una _____ antitetánica.
5. El piso no está alquilado; está _____ .
7. No tengo una cuenta corriente. Tengo una cuenta de _____ .
8. Se rompió un brazo y se lo van a _____ .
11. Le van a hacer una _____ para ver si tiene una fractura.
14. La sirvienta va a _____ los muebles.
15. Voy a comprar una _____ de vino tinto.
19. Me _____ de apendicitis el año pasado.

20. Voy a comprar una _____ de centro para la sala.
23. No tiene hermanos. Es hijo _____ .
25. Tiene una infección en el oído. Tiene el oído _____ .
27. Vamos a la fiesta. Va a ser muy _____ .
28. Necesito tomar un _____ porque me duele la espalda.
29. Quiero una ensalada de lechuga y tomate. Una ensalada _____ .
31. Eso no es importante. Eso no _____ .
35. Tráigame una _____ de jugo de naranja.

226

Appendix:

Spanish Pronunciation

1. SPANISH SOUNDS

A. THE VOWELS

There are five distinct vowels in Spanish: **a, e, i, o, u.** Each vowel has only one basic sound, which is produced with considerable muscular tension. The pronunciation of each vowel is constant, clear, and brief.

The sound is never prolonged; in fact, the length of the sound is practically the same whether it is produced in a stressed or an unstressed syllable.[1]

To produce the English stressed vowels that most closely resemble Spanish, the speaker changes the position of the tongue, lips, and lower jaw during the production of the sound, so that the vowel actually starts as one sound, and then *glides* into another. In Spanish, however, the tongue, lips, and jaw keep a constant position during the production of the sound.

> *English:* banana   *Spanish:* banana

The stress falls on the same vowel and syllable in both Spanish and English, but the stressed English *a* is longer in comparison to Spanish stressed **a.**

> *English:* banana   *Spanish:* banana

Also notice that the stressed English *a* has a sound different from the other *a*'s in the word, while the Spanish **a** sound remains constant and is similar to the other **a** sounds in the Spanish word.

a in Spanish has a sound somewhat similar to the English *a* in the word *father:*

alta	palma	cama	alma
casa	Ana	Panamá	apagar

e is pronounced like the English *e* in the word *met:*

mes	este	ese	teme
entre	deje	encender	prender

i has a sound similar to the English *ee* in the word *see:*

fin	sí	dividir	difícil
ir	sin	Trini	

o is similar to the English *o* in the word *no,* but without the glide:

toco	poco	corto	solo
como	roto	corro	loco

u is pronounced like the English *oo* sounds in the word *shoot* or the *ue* sound in the word *Sue:*

su	Úrsula	un	sucursal
Lulú	cultura	luna	Uruguay

B. DIPHTHONGS AND TRIPHTHONGS

When unstressed **i** or **u** falls next to another vowel in a syllable, it unites with it to form a *diphthong.* Both vowels are pronounced as one syllable. Their sounds do not change; they are only pronounced more rapidly and with a glide. For example:

tra**i**ga	L**i**dia	tre**i**nta	s**i**ete	o**i**go	ad**ió**s
A**u**rora	ag**u**a	b**u**eno	antig**u**o	c**iu**dad	L**u**is

---

[1] In a stressed syllable the prominence of the vowel is indicated by its loudness.

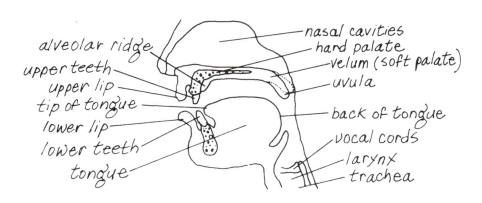

A *triphthong* is the union of three vowels, a stressed vowel between unstressed **i** or **u**, in the same syllable. For example:

Para**guay**   estudi**áis**

NOTE: Stressed **i** and **u** do not form diphthongs with other vowels, except in the combinations **iu** and **ui**. For example:

rí-o   sa-**bí**-ais

In syllabication, diphthongs and triphthongs are considered as a single vowel; their components cannot be separated.

C. THE CONSONANTS

Consonant sounds are produced by regulating the flow of air through the mouth with the aid of two speech organs. As the diagrams illustrate, different speech organs can be used to control the air flow. The point of articulation will differ accordingly.

In Spanish the air flow can be controlled in different ways. One such way is called a *stop*, because in the articulation of the sound the air is stopped at some point while passing through the oral cavity.

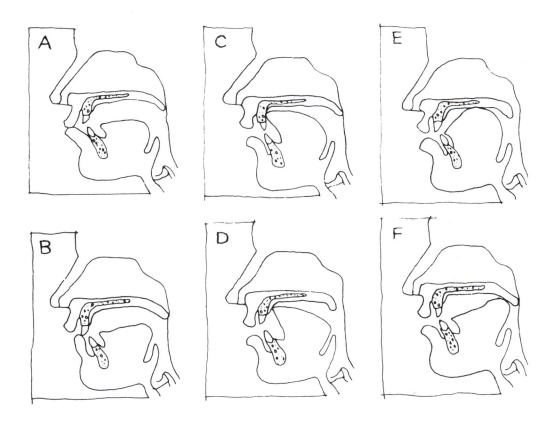

When we bring the speech organs close together, but without closing the air flow completely, we produce a friction sound called a *fricative,* such as the *ff* and the *th* in the English words *offer* and *other.*

p Spanish **p** is produced by bringing the lips together as a stream of air passes through the oral cavity (see diagram A). It is pronounced in a manner similar to the English *p* sound, but without the puff of air that comes out after the English sound is produced:

pesca	pude	puedo	parte	papá
postre	piña	puente	Paco	

k Spanish **k** sound, represented by the letters **k, c** (before **a, o, u,** or a *consonant*), and **qu,** is produced by touching the velum with the back of the tongue, as in diagram B. The sound is somewhat similar to the English *k* sound but without the puff of air:

casa	comer	cuna	clima	acción
quinto	queso	aunque	kiosko	kilómetro

t The Spanish **t** sound is produced by touching the back of the upper front teeth with the tip of the tongue (see diagram C). It has no puff of air as in the English *t:*

todo	antes	corto	Guatemala	diente
resto	tonto	roto	tanque	

d The Spanish consonant **d** has two different sounds depending on its position. At the beginning of an utterance and after **n** or **l,** the tip of the tongue presses the back of the upper front teeth to produce what is called a *voiced dental stop* (see diagram C):

día	doma	dice	dolor	dar
anda	Aldo	caldo	el deseo	un domicilio

In all other positions the sound of **d** is similar to the *th* sound in the English word *they,* but softer. This sound is called a *voiced dental fricative* (see diagram C). To produce it, place the tip of the tongue behind the front teeth:

medida	todo	nada	nadie	medio
puedo	moda	queda	nudo	

g The Spanish consonant **g** also represents two sounds. At the beginning of an utterance or after **n,** it is a *voiced velar stop* (see diagram B), identical to the English *g* sound in the word *guy:*

goma	glotón	gallo	gloria
gorrión	garra	guerra	angustia

In all other positions, except before **e** or **i,** it is a *voiced velar fricative* (see diagram B), similar to the English *g* sound in the word *sugar.* To produce it, move the back of the tongue close to the velum, as in diagram F:

lago	alga	traga	amigo
algo	Dagoberto	el gorrión	la goma

j The sound of Spanish **j** (or **g** before **e** and **i**) is called a *voiceless velar fricative.* To produce it, position the back of the tongue close to the velum (see diagram F). (In some Latin American countries the sound is similar to a strongly exaggerated English *h* sound.):

gemir	juez	jarro	gitano	agente
juego	giro	bajo	gente	

b, v There is no difference in sound between Spanish **b** and **v**. Both letters are pronounced alike. At the beginning of an utterance or after **m** or **n**, **b** and **v** have a sound called a *voiced bilabial stop* (see diagram A), which is identical to the English *b* sound in the word *boy:*

vivir	beber	vamos	barco	enviar
hambre	batea	bueno	vestido	

When pronounced between vowels the Spanish **b** and **v** sound is a *voiced bilabial fricative* (see diagram A). To produce this sound, bring the lips together but do not close them, letting some air pass through.

y, ll At the beginning of an utterance or after **n** or **l**, Spanish **y** and **ll** have a sound similar to the English *dg* in the word *edge,* but somewhat softer (see diagram E):

el llavero	el yeso	llama
un yelmo	su yunta	yema

In all other positions the sound is a *voiced palatal fricative* (see diagram E), similar to the English *y* sound in the word *yes:*

oye	trayectoria	milla
trayecto	mayo	bella

NOTE: Spanish **y** when it stands alone or is at the end of a word is pronounced like the vowel **i:**

rey	doy	voy
hoy	buey	estoy
y	muy	soy

r, rr Spanish **r** is produced by tapping the alveolar ridge with the tongue only once and very briefly (see diagram D). The sound is similar to the English *tt* sound in the word *gutter* or the *dd* sound in the word *ladder:*

crema	aroma	cara	arena	aro
harina	toro	oro	eres	portero

Spanish **r** in an initial position and after **n, l,** or **s,** and also **rr** in the middle of a word are pronounced with a very strong trill. This trill is produced by bringing the tip of the tongue near the alveolar ridge and letting it vibrate freely while the air passes through the mouth:

rama	carro	Israel	cierra	roto
perro	alrededor	rizo	corre	Enrique

s Spanish **s** is represented in most of the Spanish world by the letters **s, z,** and **c** before **e** or **i.** The sound is very similar to the English sibilant *s* in the word *sink:*

sale	sitio	presidente	signo
salsa	seda	suma	vaso
sobrino	ciudad	cima	canción
zapato	zarza	cerveza	centro

When it is in final position, Spanish **s** is less sibilant than in other positions. In many regions of the Spanish world there is a tendency to aspirate word-final **s** and even to drop it altogether:

eres	somos	estas	mesas	libros
vamos	sillas	cosas	rezas mucho	

h The letter **h** is silent in Spanish, unless it is combined with the **c** to form **ch:**

hoy	hora	hidra	hemos
humor	huevo	horror	hortelano

ch Spanish **ch** is pronounced like the English *ch* in the word *chief:*

hecho	chico	coche	Chile
mucho	muchacho	salchicha	

f Spanish **f** is identical in sound to the English *f:*

difícil	feo	fuego	forma
fácil	fecha	foto	fueron

l To produce the Spanish **l** sound, touch the alveolar ridge with the tip of the tongue as for the English *l*. Try to keep the rest of the tongue fairly low in the mouth:

dolor	lata	ángel	lago	sueldo
los	pelo	lana	general	fácil

m Spanish **m** is pronounced like the English *m* in the word *mother:*

mano	moda	mucho	muy
mismo	tampoco	multa	cómoda

n In most cases, Spanish **n** has a sound similar to the English *n* (see diagram D):

nada	nunca	ninguno	norte
entra	tiene	sienta	

The sound of Spanish **n** is often affected by the sounds that occur around it. When it appears before **b, v,** or **p,** it is pronounced like an **m:**

tan bueno	toman vino	sin poder
un pobre	comen peras	siguen bebiendo

Before **k, g,** and **j,** Spanish **n** has a voiced velar nasal sound, similar to the English *ng* in the word *sing:*

un kilómetro	incompleto	conjunto	mango
tengo	enjuto	un comedor	

ñ Spanish **ñ** is a voiced palatal sound (see diagram E), similar to the English *ny* sound in the word *canyon:*

señor	otoño	ñoño	uña
leña	dueño	niños	años

x Spanish **x** has two pronunciations depending on its position. Between vowels the sound is similar to an English *gs*.

examen	exacto	boxeo	éxito
oxidar	oxígeno	existencia	

When Spanish **x** occurs before a consonant it sounds like *s:*

expresión	explicar	extraer	excusa
expreso	exquisito	extremo	

NOTE: When the **x** appears in the word **México** or in other words of Mexican origin that are associated with historical or legendary figures or name places, it is pronounced like the letter **j.**

2. RHYTHM

Rhythm is the melodic variation of sound intensity that we usually associate with music. Spanish and English each regulate these variations in speech differently, because they have different patterns of syllable length. In Spanish the length of the stressed and unstressed syllables remains almost the same, while in English stressed syllables are considerably longer than unstressed ones:

student	estudiante
composition	composición
police	policía

Since the length of the Spanish syllables remains constant, the greater the number of syllables in a given word or phrase, the longer the phrase will be.

Pronounce the following words trying to keep stressed and unstressed syllables the same length, and enunciating each syllable clearly. (Remember that stressed and unstressed vowels are pronounced alike.)

Úr-su-la	los-za-pa-tos
la-su-cur-sal	bue-no
Pa-ra-guay	di-fí-cil
la-cul-tu-ra	ba-jan-to-dos
el-ci-ne	ki-ló-me-tro

3. LINKING

In spoken Spanish, the different words in a phrase or a sentence are not pronounced as isolated elements but combined together. This is called *linking*:

Pe-pe-co-me-pan	Pepe come pan
To-más-to-ma-le-che	Tomás toma leche
Luis-tie-ne-la-lla-ve	Luis tiene la llave
la-ma-no-de-Ro-ber-to	La mano de Roberto

1. The final consonant of a word is pronounced together with the initial vowel of the following word:

Car-lo-san-da	Carlos anda
u-nán-gel	un ángel
e-lo-to-ño	el otoño
u-no-ses-tu-dio-sin-te-re-san-tes	unos estudios interesantes

2. A diphthong is formed between the final vowel of a word and the initial vowel of the following word. A triphthong is formed when there is a three vowel combination:

suher-ma-na	su hermana
tues-co-pe-ta	tu escopeta
Ro-ber-toy-Luis	Roberto y Luis
ne-go-cioim-por-tan-te	negocio importante
llu-viay-nie-ve	lluvia y nieve
ar-duaem-pre-sa	ardua empresa

3. When the last vowel of a word and the initial vowel of the following word are the same, they are pronounced slightly longer than one vowel:

A-n*a*l-can-za	Ana alcanza	tie-n*e*-so	tiene eso
l*o*l-vi-do	lo olvido	Ad*a*-tien-de	Ada atiende

   The same rule applies when two equal vowels appear within a word:

cr*e*s	crees
Te-rán	Teherán
c*o*r-di-na-ción	coordinación

4. When the last consonant of a word and the initial consonant of the following word are the same, they are pronounced like one consonant with slightly longer than normal duration:

e-*la*-do   el lado   tie-ne-*sed*   tienes sed

Car-lo-*sal*-ta   Carlos salta

4. INTONATION

Intonation is the rise and fall of pitch in the delivery of a phrase or a sentence. In most languages intonation is one of the most important devices used to express differences of meaning between otherwise identical phrases or sentences. In general, Spanish pitch tends to change less than English pitch, giving the impression that the language is less emphatic.

As a rule, the intonation for normal statements in Spanish starts in a low tone, raises to a higher one on the first syllable, maintains that stressed tone until the last stressed syllable, and then goes back to the initial low tone, with still another drop at the very end:

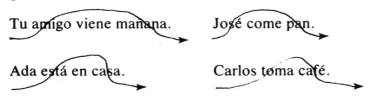

Tu amigo viene mañana.   José come pan.

Ada está en casa.   Carlos toma café.

5. THE ALPHABET

Letter	Name	Letter	Name	Letter	Name	Letter	Name
a	a	h	hache	ñ	eñe	u	u
b	be	i	i	o	o	v	ve
c	ce	j	jota	p	pe	w	doble ve
ch	che	k	ka	q	cu	x	equis
d	de	l	ele	r	ere	y	i griega
e	e	ll	elle	rr	erre	z	zeta
f	efe	m	eme	s	ese		
g	ge	n	ene	t	te		

6. SYLLABLE FORMATION IN SPANISH

General rules for dividing words into syllables:

A. VOWELS

1. A vowel or a vowel combination can constitute a syllable:

   a-lum-no   a-bue-la   Eu-ro-pa

2. Diphthongs and triphthongs are considered single vowels and cannot be divided:

   bai-le   puen-te   Dia-na   es-tu-diáis   an-ti-guo

3. Two strong vowels do not form a diphthong and are separated into two syllables:

   em-ple-ar   vol-te-ar   lo-a

4. A written accent mark on unstressed **i** or **u** breaks the diphthong, thus the vowels are separated into two syllables:

   trí-o   dí-a   Ma-rí-a

B. CONSONANTS

1. A single consonant forms a syllable with the vowel that follows it:

   po-der   ma-no   mi-nu-to

   NOTE: **ch, ll,** and **rr** are considered single consonants, for example:

   a-ma-ri-llo   co-che   pe-rro

2. Consonant clusters composed of **b, c, d, f, g, p,** or **t** with **l** or **r** are considered single consonants and cannot be separated.

   ha-blar   cla-vo   a-tlán-ti-co   Glo-ria

3. When two consonants appear between two vowels, they are separated into two syllables:

   al-fa-be-to   cam-pe-ón   me-ter-se   mo-les-tia

   NOTE: When a consonant cluster appears between two vowels, we apply rule 2, and the cluster joins the following vowel, for example:

   so-bre   o-tros   ca-ble   te-lé-gra-fo

4. When three consonants appear between two vowels, only the last one goes with the following vowel:

   ins-pec-tor   trans-por-te   trans-for-mar

   NOTE: When a consonant cluster appears, the first consonant joins the preceding vowel and the cluster joins the following vowel, for example:

   es-cri-bir   ex-tran-je-ro   im-plo-rar   es-tre-cho

7. ACCENTUATION

In Spanish all words are stressed according to specific rules. Words that do not follow the rules must have a written accent mark to indicate the change of stress. The basic rules for accentuation are as follows:

1. Words ending in a vowel, **n,** or **s** are stressed on the next to the last syllable:

hi-jo	**ca**-lle	**me**-sa	fa-**mo**-sos
flo-**re**-cen	**pla**-ya	**ve**-ces	

2. Words ending in a consonant, except **n** or **s,** are stressed on the last syllable:

ma-**yor**	na-**riz**
a-**mor**	re-**loj**
tro-pi-**cal**	co-rre-**dor**

3. All words that do not follow these rules, and also those that are stresed on the second from the last syllable, must have the written accent:

ca-**fé**	sa-**lió**	rin-**cón**	fran-**cés**	sa-**lón**	ma-**má**
án-gel	**lá**-piz	**dé**-bil	a-**zú**-car	**Víc**-tor	
sim-**pá**-tico	**lí**-qui-do	**mú**-si-ca	e-**xá**-me-nes	de-**mó**-cra-ta	

4. Pronouns and adverbs of interrogation and exclamation have a written accent mark to distinguish them from the relative forms:

   ¿**Qué** comes?   *What are you eating?*
   Es el libro que compré.   *It's the book that I bought.*

   ¿**Quién** está ahí?   *Who is there?*
   El hombre a quien vi.   *The man whom I saw.*

   ¿**Dónde** está?   *Where is he?*
   El lugar donde él trabaja.   *The place where he works.*

235

5. Words that are spelled the same but have a different meaning take a written accent to differentiate one from the other:

el	*the*		él	*he, him*
mi	*my*		mí	*me*
tu	*your*		tú	*you*
te	*you (pronoun)*		té	*tea*
si	*if*		sí	*yes*
mas	*but*		más	*more*

6. The demonstrative adjectives have a written accent when they are used as pronouns:

éste	ésta	éstos	éstas	ése	ésa
ésos	ésas	aquél	aquélla	aquéllos	aquéllas

Prefiero **aquél.** *I prefer that one.*

8. COGNATES

When learning a foreign language, being able to recognize cognates is of great value. Let's study some of them:

1. Some exact cognates (only the pronunciation is different):

general	mineral	central	natural
idea	musical	cultural	banana
terrible	horrible	humor	terror

2. Some cognates are almost the same, except for a written accent mark, a final vowel, or a single consonant in the Spanish word:

región	península	México	conversión
persona	arte	importante	potente
comercial	oficial	posible	imposible

3. Most nouns ending in *-tion* in English end in **-ción** in Spanish:

conversación   solución   operación   cooperación

4. English words ending in *-ce* and *-ty* end in **-cia, -cio,** and **-dad** in Spanish:

importancia	competencia	precipicio
universidad	frivolidad	popularidad

5. The English ending *-ous* is often equivalent to the Spanish ending **-oso:**

famoso   amoroso   numeroso   malicioso

6. *S* consonant is often equivalent to **es** consonant in Spanish:

escuela   estado   estudio   especial

7. Finally, there are less approximate cognates that are still easily recognizable:

millón	norte	millonario	monte
ingeniero	estudiar	artículo	ordenar
deliberadamente	enemigo	mayoría	centro

VOCABULARY

A

a la derecha to the right
a la izquierda to the left
a los costados on the sides
a menudo often
a pagar allá collect
a pie on foot
a plazo fijo time certificate, for a specified time
a precio de costo at cost
a sus órdenes at your service
a tiempo on time
a veces sometimes
a ver... let's see ...
abrazo (*m.*) hug
abrigo (*m.*) coat
abrir to open
abrocharse el cinturón fasten your seat belts
absurdo(a) absurd
abuela (*f.*) grandmother
abuelo (*m.*) grandfather
aburrirse to get bored
acá arriba up here
acabar to finish
acampar to camp
aceite (*m.*) oil
aceituna (*f.*) olive
aceptar to accept
acera (*f.*) sidewalk
acerca de about
aconsejar to advise
acordarse (de) (o-ue) to remember
acostar(se) (o-ue) to put to bed, to go to bed
acostumbrarse (a) to get used to
además besides
adentro inside
adicional additional
administración de negocios (*f.*) business administration

aduana (*f.*) customs
aerolínea (*f.*) airline
aeropuerto (*m.*) airport
afeitar(se) to shave
afortunadamente fortunately
afuera out, outside
agencia (*f.*) agency
agente (*m. & f.*) agent
agua (*f.*) water
　　—mineral (*f.*) mineral water
aguacero (*m.*) shower
aguafiestas (*m. & f.*) party pooper
ahora now
　　—mismo right now
ahorrar to save
aire (*m.*) air
　　—acondicionado (*m.*) air conditioning
ají (*m.*) bell pepper
ajo (*m.*) garlic
al costo at cost
al final at the end
al lado de next to
al rato later, a while later
alberca (*f.*) swimming pool (*Mex.*)
albóndiga (*f.*) meatball
alegrarse (de) to be glad
alérgico(a) allergic
algo something
　　—más anything else
alguien someone, somebody
alguna vez ever
almohada (*f.*) pillow
almuerzo (*m.*) lunch
alquilar to rent
alrededor de about
alto(a) high, tall
alto stop
altura (*f.*) height
allá over there

allí there
amable kind
amarillo(a) yellow
ambos(as) both
ambulancia (*f.*) ambulance
amenazar to threaten
amigo(a) (*m. & f.*) friend
amor (*m.*) love
anestesia (*f.*) anesthesia
andén (*m.*) (railway) platform
angosto(a) narrow
anillo (*m.*) ring
aniversario (*m.*) anniversary
anoche last night
anotar to write down
anteayer the day before yesterday
anteojos (*m.*) eyeglasses
　　—de sol (*m.*) sunglasses
anterior previous
antes (de) before
antibiótico (*m.*) antibiotic
anuncio (*m.*) ad
año (*m.*) year
apagar to turn off, to put out (*a fire*)
aparcar to park
apellido (*m.*) surname, last name
apenas hardly
apendicitis (*f.*) appendicitis
apio (*m.*) celery
aprender to learn
apretar (e>ie) to squeeze; to be too tight
aquí here
árbol (*m.*) tree
arete (*m.*) earring
argentino(a) Argentinian
armadura (*f.*) frame
arrancar to start (*a motor*)
arreglar to fix

arriba upstairs
arroz (*m.*) rice
   —con pollo (*m.*) chicken and rice
arte (*m.*) art
artículo (*m.*) article
arvejas (*f.*) peas
asado(a) roasted
asalto (*m.*) round (in boxing)
ascensor (*m.*) elevator
asegurado(a) insured
así que so
asiento (*m.*) seat
asistir to attend
asma (*m.*) asthma
aspiradora (*f.*) vacuum cleaner
aspirina (*f.*) aspirin
ataque al corazón (*m.*) heart attack
atender (e-ie) to wait on
atentado (*m.*) attempt
aterrizar to land (*a plane*)
atropellar to run over
aunque even though
automático(a) automatic
autopista (*f.*) freeway
auxiliar de vuelo (*m. & f.*) flight attendant
¡auxilio! help!
avenida (*f.*) avenue
avión (*m.*) plane
aviso (*m.*) ad
¡ay! ouch!
ayer yesterday
ayudar to help
azafata (*f.*) female flight attendant, stewardess
azúcar (*m.*) sugar
azul blue

B

bacalao (*m.*) cod
bailar to dance
baile (*m.*) dance
bajo(a) short (*height*), low
balanza (*f.*) scales
banco (*m.*) bank
bandeja (*f.*) tray
banqueta sidewalk (*Mex.*)
bañadera (*f.*) bathtub
bañar(se) to bathe
baño (*m.*) bathroom
barato(a) inexpensive
barba (*f.*) beard
barbería (*f.*) barbershop

barbero(a) barber
barrer to sweep
barrio (*m.*) neighborhood
básquetbol (*m.*) basketball
bastante quite, enough
basura (*f.*) trash
bata (*f.*) gown, robe
batería (*f.*) battery
batir to beat
beber to drink
bello(a) pretty
biblioteca (*f.*) library
bicarbonato de soda (*m.*) sodium bicarbonate
bien good, well
   —cocido(a) well done
bienvenido(a) welcome
biftec (*m.*) steak
bigote (*m.*) moustache
billete (*m.*) ticket
billetera (*f.*) wallet
blanco(a) white
blanco y negro black and white (*film*)
blanquillo (*m.*) egg (*Mex.*)
boca (*f.*) mouth
boda (*f.*) wedding
boleto (*m.*) ticket
bolsa (*f.*) bag, purse
   —de dormir (*f.*) sleeping bag
   —de hielo (*f.*) ice pack
   —de mano (*m.*) handbag
bombero (*m.*) fireman
bombones (*m.*) candy, bonbons
bonito(a) pretty
borroso(a) blurry
bota (*f.*) boot
botella (*f.*) bottle
botones (*m.*) bellboy
brazo (*m.*) arm
brillante (*m.*) diamond
brindis (*m.*) toast
bróculi (*m.*) broccoli
broma (*f.*) joke
bronceador (*m.*) suntan lotion
budín (*m.*) pudding
¡buen provecho! good appetite!
bueno (*adv.*) well, okay
bueno(a) (*adj.*) good, kind, nice
buscar to look for
butaca (*f.*) armchair

C

caballero (*m.*) gentleman
cabello (*m.*) hair

caber to fit
cabeza (*f.*) head
cacahuate (*m.*) peanut
cada each
caerse to fall down
café (*adj.*) brown
cafetería (*f.*) cafeteria
café (*m.*) cafe, coffee
caja (*f.*) cash register, box
   —de seguridad (*f.*) safe-deposit box
cajero(a) cashier
calcetines (*m.*) socks
caldo (*m.*) broth
calefacción (*f.*) heating
calidad (*f.*) quality
caliente hot
calmante (*m.*) pain killer
calmarse to calm down
calorías (*f.*) calories
calzoncillo (*m.*) men's shorts (*underwear*)
calle (*f.*) street
cama (*f.*) bed (*m.*)
   —chica twin bed
   —doble double bed
   —individual twin bed
   —matrimonial (*f.*) double bed
   —personal twin bed
cámara fotográfica (*f.*) camera
camarero(a) waiter (waitress)
camarones (*m.*) shrimp
cambiar to change, to exchange
   —un cheque to cash a check
caminar to walk
camión (*m.*) truck, bus (*Mex.*)
camioneta (*f.*) station wagon
camisa (*f.*) shirt
camiseta (*f.*) T-shirt
camisón (*m.*) nightgown
campeón(-ona) champion
cancelar to cancel
cangrejo (*m.*) crab
cansado(a) tired
caña de pescar (*f.*) fishing pole
capitán (*m.*) captain
capó (*m.*) hood
cara (*f.*) face
¡caramba! gee!, gosh!
carburador (*m.*) carburetor
cárcel (*f.*) jail
carie (*f.*) cavity
cariño love (*term of endearment*)
cariñosamente with love

carne (*f.*) meat
—picada (*f.*) ground meat
carnicería (*f.*) butcher shop
caro(a) expensive
carretera (*f.*) highway
carta (*f.*) letter
cartera (*f.*) purse
casa (*f.*) house, home
casado(a) married
casar(se) (con) to get married, to marry
casi almost
caspa (*f.*) dandruff
casualidad (*f.*) coincidence
causar to cause
cebolla (*f.*) onion
ceda el paso yield
celebrar to celebrate
cena (*f.*) dinner, supper
cenar to have supper (*dinner*)
cenicero (*m.*) ashtray
centro (*m.*) downtown (*area*)
cepillar(se) to brush (oneself)
cepillo de dientes (*m.*) toothbrush
cerca near
cerca de aquí near here
cerradura (*f.*) lock
cerrar (e>ie) to close
certificado(a) registered
cerveza (*f.*) beer
cicatriz (*f.*) scar
cielo (*m.*) sky
ciencias económicas (*f.*) economics
cigarrillo (*m.*) cigarette
cine (*m.*) movie theater
cintura (*f.*) waist
cinturón (*m.*) belt
ciudad (*f.*) city
ciudadano(a) citizen
claramente clearly
claro(a) clear
claro que sí of course
clase (*f.*) class, kind, type
cliente (*m. & f.*) client
club automovilístico (*m.*) auto club
cobija (*f.*) blanket
cobrar to charge, to collect
—un cheque to cash a check
coche (*m.*) car
—cama (*m.*) sleeper car (Pullman)
—comedor (*m.*) dining car
cocina (*f.*) kitchen, stove

cocinar to cook
coco (*m.*) coconut
coctel (*m.*) cocktail
colchón (*m.*) mattress
collar (*m.*) necklace
colonia (*f.*) cologne
combatir to combat
comedor (*m.*) dining room
comentar to comment
comenzar (e>ie) to begin, to start
comer to eat
comida (*f.*) meal, food
como since, being that, like
cómoda (*f.*) chest of drawers
cómodo(a) comfortable
compacto(a) compact
compañero(a) classmate
compañía (*f.*) company
—de teléfonos (*f.*) telephone company
competencia de natación (*f.*) swim meet
compra (*f.*) purchase
comprar to buy
comprender to understand
comprobante (*m.*) claim check, claim ticket
compromiso (*m.*) engagement
con with
con destino a... with destination to ...
con vista a... with a view to ...
con vista a la calle exterior view
conducir to drive
conductor(a) (*m. & f.*) driver
confirmar to confirm
congelado(a) frozen
conjunto (*m.*) outfit
—de pantalón y chaqueta pantsuit
conocer to know, to be acquainted, familiar with
conseguir (e>i) to get, to obtain
consultorio (*m.*) doctor's office
contabilidad (*f.*) accounting
continuar to continue
conversar to talk, to converse
convenir (e>ie) to be advisable
corazón (*m.*) heart
corbata (*f.*) tie
cordero (*m.*) lamb
cordialmente cordially
correo (*m.*) mail, post office
correr to run
cortar to cut

corte de pelo haircut
corto(a) short
cosa (*f.*) thing
costar (o-ue) to cost
creer to believe, to think
crema (*f.*) cream
—de afeitar (*f.*) shaving cream
criada maid
crudo(a) raw
cuaderno (*m.*) notebook
cuadra (*f.*) block
¿cuáles? which? (*pl.*)
cualquier cosa anything
¿cuánto(a)? how much
¿cuánto tiempo? how long?
cuarto (*m.*) room
cubrir to cover
cucharada (*f.*) spoonful
cuchillo (*m.*) knife
cuello (*m.*) neck
cuenta (*f.*) account, check, bill
—corriente (*f.*) checking account
—de ahorros (*f.*) savings account
cuero (*m.*) leather
cuidar to take care (of)
cumpleaños (*m.*) birthday
curita (*f.*) bandaid
curso (*m.*) course
curva (*f.*) curve

CH

champaña (*m.*) champagne
champú (*m.*) shampoo
chapa (*f.*) license plate
chaqueta (*f.*) jacket
cheque (*m.*) check
—de viajeros (*m.*) traveler's check
chequear to check
chícharos (*m.*) peas
chico(a) (*adj.*) small
chica (*n.*) (*f.*) girl
chico (*n.*) (*m.*) boy
chileno(a) Chilean
chocar to collide
chocolate (*m.*) chocolate
chuleta (*f.*) chop

D

dama lady
dar to give
darse prisa to hurry
de of
de cambios mecánicos standard shift (car)
de ida one way
de ida y vuelta round trip
de modo que so
de nada you're welcome
de niño(a) as a child
de vestir dressy
debajo de under
deber must, should; to owe
débil weak
decidir to decide
decir (e〉i) to say, to tell
decir algo en broma to joke, to kid
decir que sí (no) to say yes (no)
declarar to declare
dedo (m.) finger, toe
dejar to leave (behind)
delgado(a) thin, slim
demasiado(a) too
dentadura (f.) set of teeth
dentro de in, within
denunciar to report (a crime)
departamento (m.) department
depender (de) to depend (on)
deporte (m.) sport
depositar to deposit
derrota (f.) defeat
desaparecer to disappear
desayuno (m.) breakfast
descansar to rest
descomponerse to break down (car)
descompuesto(a) broken (down), out of order
desconocido(a) stranger
describir to describe
descuento (m.) discount
desde from, since
desear to want, to wish
desgraciadamente unfortunately
desinfectar to disinfect
desocupado(a) vacant
desocupar to check out, to vacate
desodorante (m.) deodorant
despacio slow, slowly
despacho de boletos (m.) ticket office
despedir (e〉i) to say farewell

despegar to take off (a plane)
despertar(se) (e〉ie) to wake up
después(de) after, later
desvestir(se) (e〉i) to get undressed
desvío detour
detergente (m.) detergent
detrás de behind
deuda (f.) debt
devolver (o〉ue) to return, to give back
día (m.) day
diabetes (f.) diabetes
diabético(a) diabetic
diamante (m.) diamond
diario(a) daily
diario (m.) newspaper
diariamente daily
diarrea (f.) diarrhea
dientes postizos (m.) dentures, false teeth
difícil difficult
dinero (m.) money
dirección (f.) address
directo(a) direct
disco (m.) record
discoteca (f.) discotheque
divertirse to have fun, to have a good time
doblar to turn
docena (f.) dozen
doler (o〉ue) to hurt, to ache
dolor (m.) pain
—**de garganta** (m.) sore throat
domicilio (m.) address
¿dónde? where?
dormir (o〉ue) to sleep
dormitorio (m.) bedroom
ducha (f.) shower
ducharse to shower
dudar to doubt
dueño(a) owner
durante during
durar to last
durazno (m.) peach

E

echar al correo to mail
edad (f.) age
edificio (m.) building
—**de apartamentos** (m.) apartment building
eléctrico(a) electric
elegante elegant

elegir (e〉i) to choose, to select
elevador (m.) elevator
embarazada pregnant
empanizado(a) breaded
empastar to fill (a cavity)
empatar to tie (the score)
empezar (e〉ie) to begin, to start
empleado(a) clerk
emplear to hire, to employ
en on
en casa at home
en cuanto as soon as
en efectivo in cash
en punto sharp, on the dot (time)
en regla in order
en seguida right away
enamorado(a) in love
encantarle a uno to love
encargado(a) manager
encargar to order
encargarse de to take charge
encendedor (m.) cigarette lighter
encendido(a) on (electricity)
encía (f.) gum
encontrar (o〉ue) to find
enchufar to plug in
endosar to endorse
enfermedad (f.) disease, sickness
enfermero(a) (m. & f.) nurse
enfermo(a) sick
enjuagar to rinse out
ensalada (f.) salad
enseñar to show, to teach
entender (e〉ie) to understand
entonces then, in that case
entrar to enter, to go in
entregar to deliver
entremeses (m.) hors d'oeuvres
entrevista (f.) interview
enviar to send
envolver (o〉ue) to wrap
—**para regalo** to gift-wrap
enyesar to put in a cast
época (f.) time
equipaje (m.) luggage
equipo (m.) team
escalera (f.) stair
—**mecánica** (f.) escalator
escalofríos (m.) chills
escoba (f.) broom
escoger to choose, to select
escribir to write
escritorio (m.) desk
escuela (f.) school

escupir to spit
espalda (f.) back
España Spain
español (m.) Spanish (language)
español(a) (m. & f.) Spaniard;
  (also, adj.) Spanish
especial special
especialidad (f.) specialty
espejo (m.) mirror
espejuelos (m.) eyeglasses
esperar to wait (for)
espinaca (f.) spinach
esposa (f.) wife
esposo (m.) husband
esquiar to ski
esquina (f.) corner
esta noche tonight
estación (f.) station
  —de servicio service station
  —de trenes (f.) railroad
    station
estacionar to park
estampilla (f.) stamp
estar de acuerdo to agree
estar de moda to be in style
estar de vacaciones to be on
  vacation
estar seguro(a) to be sure
estatura mediana medium
  height
este (m.) east
estilo (m.) style
estómago (m.) stomach
estudiante (m. & f.) student
estudiar to study
estupendo(a) great, fantastic
exagerar to exaggerate
exceso (m.) excess
excursión (f.) tour
expreso express
expulsar to expel
extinguidor de incendios (m.)
  fire extinguisher
extra extra
extraer (conj. like traer) to
  extract
extranjero(a) foreigner

F

fácil easy
falda (f.) skirt
familia (f.) family
fantástico(a) fantastic
farmacia (f.) pharmacy
favor de please

fecha (f.) date
felicidades congratulations
feliz happy
feo(a) ugly
fideos (m.) noodles
fiebre (f.) fever
fiesta (f.) party
fin (m.) end
  —de semana (f.) weekend
firmar to sign
flan (m.) custard
flequillos (m.) bangs
florería (f.) flower shop
fortuna (f.) fortune
foto (f.) photo
fotografía (f.) photography,
  photograph
fractura (f.) fracture
fracturarse to fracture
frazada (f.) blanket
fregadero (m.) kitchen sink
fregar (e-ie) to wash, to scrub
freír to fry
freno (m.) brake
frente (f.) forehead
fresas (f.) strawberries
frío(a) cold
frito(a) fried
fruta (f.) fruit
fuego (m.) fire
fumar to smoke
funcionar to work, to function
funda (f.) pillowcase
fútbol (m.) soccer, football

G

gafas (f.) eyeglasses
ganador(a) (m. & f.) winner
ganga (f.) bargain
garganta (f.) throat
gaseosa (f.) soda pop
gasolina (f.) gasoline
gasolinera (f.) service station
gastar to spend
gastos (m.) expenses
gato (m.) jack
gelatina (f.) gelatine
gente (f.) people
gerente (m. & f.) manager
ginebra (f.) gin
gobierno (m.) government
golpear(se) to hit (oneself)
goma (f.) tire
goma pinchada flat tire
gordo(a) fat

grabadora (f.) tape recorder
gracias thanks
graduación (f.) graduation
grande big
gratis free
gripe (f.) influenza, flu
gris grey
gritar to scream
grúa (f.) tow truck
guajalote (Méx.) turkey
guapo(a) handsome
guardar cama to stay in bed
  (sick)
guía para turistas (f.) tourist
  guide
guisado (m.) stew
guisantes (m.) peas
guiso (m.) stew
gustar to like, to be pleasing
  (to)

H

habitación (f.) room
hablar to speak, to talk
hacer cola to stand in line
hacer escala to make a stopover
hacer juego to match
hacer la cama to make the bed
hacer reservaciones to make
  reservations
hacer una radiografía to take
  an X-ray
hacia toward
hamburguesa (f.) hamburger
harina (f.) flour
hasta (que) until
hasta luego I'll see you later
hasta llegar until you arrive
hermana (f.) sister
hermano (m.) brother
helado (m.) ice cream
herida (f.) wound
hermoso(a) beautiful
hervir (e-ie) to boil
hija (f.) daughter
hijo (m.) son
hilo dental (m.) dental floss
hogar (m.) home
hoja clínica (f.) medical history
hola hello, hi
hombre (m.) man
hora (f.) hour
horario (m.) schedule, timetable
horno (m.) oven
hotel (m.) hotel

hoy today
   —mismo this very day
huésped (*m. & f.*) guest
huevo (*m.*) egg
   —duro hard-boiled egg

I

idea (*f.*) idea
idioma (*m.*) language
iglesia (*f.*) church
importar to matter
incendio (*m.*) fire
incómodo(a) uncomfortable
infección (*f.*) infection
infectado(a) infected
información (*f.*) information
Inglaterra England
inicial (*f.*) initial
inmigración (*f.*) immigration
interés interest
interior interior
invierno (*m.*) winter
invitación (*f.*) invitation
invitado(a) (*m. & f.*) guest
invitar to invite
inyección (*f.*) shot
   —antitetánica (*f.*) tetanus
   shot
ir to go
   —de caza to go hunting
   —de compras to go shopping
   —de excursión to go on a
   tour
   —de pesca to go fishing
   —zigzagueando to weave
   (*car*)
itinerario (*m.*) schedule, timetable, itinerary

J

¡ja! ha!
jabón (*m.*) soap
jalea (*f.*) jam
jamón (*m.*) ham
jarabe (*m.*) syrup
   —para la tos (*m.*) cough
   syrup
jardín (*m.*) garden
jarra (*f.*) pitcher
jefe(a) (*m. & f.*) boss, chief
joven young
joya (*f.*) jewel
joyería (*f.*) jewelry store

joyero (*m.*) jeweler
juego (*m.*) game set
juego de cuarto (dormitorio)
   (*m.*) bedroom set
juez (*m. & f.*) judge
jugar to play
jugo (*m.*) juice
   —de naranja (*m.*) orange
   juice
   —de tomate (*m.*) tomato
   juice
junta (*f.*) meeting
juntos(as) together

K

kilo (*m.*) kilo
kilómetro (*m.*) kilometer

L

laboratorio de lenguas (*m.*)
   language laboratory
lado (*m.*) side
ladrón(ona) (*m. & f.*) thief,
   robber
lago (*m.*) lake
lámpara (*f.*) lamp
langosta (*f.*) lobster
lápiz (*m.*) pencil
larga distancia long distance
largo(a) long
lastimarse to get hurt
lata de basura (*f.*) trash can
Latinoamérica Latin America
lavado (*m.*) shampoo
lavadora (*f.*) washer
lavar(se) to wash (oneself)
limpiar en seco to dry clean
leche (*f.*) milk
lechón (*m.*) young pig
lechuga (*f.*) lettuce
leer to read
lejía (*f.*) bleach
lejos far
lengua (*f.*) tongue, language
lentes (*m.*) eyeglasses
   —de contacto (*m.*) contact
   lenses
lento(a) slow
letra (*f.*) letter
levantar(se) to raise, to get up
ley (*f.*) law
   —de tránsito (*f.*) traffic law
libra (*f.*) pound

libre vacant, free
libro (*m.*) book
licencia (*f.*) license
   —para conducir driver's
   license
límite (*m.*) limit
limón (*m.*) lemon
limonada (*f.*) lemonade
limpiabotas (*f.*) shoeshine
limpiaparabrisas (*m.*)
   windshied wiper
limpiar to clean
   —en seco to dry-clean
limpieza (*f.*) cleaning
lindo(a) pretty
línea (*f.*) line
liquidación (*f.*) sale
líquido (*m.*) liquid
lista (*f.*) list
listo(a) ready
litera (*f.*) berth
   —alta (*f.*) upper berth
   —baja (*f.*) lower berth
literatura (*f.*) literature
lo siento I'm sorry
lugar (*m.*) place
lugares de interés (*m.*) places of
   interest
luna de miel (*f.*) honeymoon
luz (*f.*) light

LL

llamada (*f.*) call
llamar to call
llave (*f.*) key
llegar to arrive
llenar to fill
llevar to take, to carry
   —puesto(a) to wear
llevarse to take away
llover (o>ue) to rain
lluvia (*f.*) rain

M

madre (*f.*) mother
maestro(a) (*m. & f.*) teacher
magnífico(a) magnificent
mal badly
mal aliento (*m.*) bad breath
maleta (*f.*) suitcase
maletero (*m.*) trunk (*of a car*)
malo(a) bad
mamá mother, mom

mandar to send
manejar to drive
  —con cuidado to drive carefully
maní (*m.*) peanut
mano (*f.*) hand
mantener (*conj. like* **tener**) to maintain, to keep
mantequilla (*f.*) butter
manzana (*f.*) apple
mañana (*f.*) morning
mapa (*m.*) map
maquillaje (*m.*) makeup
máquina de afeitar razor, shaver
marca (*f.*) brand
mareado(a) dizzy, seasick, airsick
mareo (*m.*) dizziness, seasickness, airsickness
margarina (*f.*) margarine
marrón brown
matar to kill
matemáticas (*f.*) mathematics
matrícula (*f.*) tuition
matricularse to register (*for school*)
matrimonio (*m.*) married couple
mayonesa (*f.*) mayonnaise
mayor older
la mayoría the most
mecánico(a) mechanic
mecanógrafo(a) (*m. & f.*) typist
media (*f.*) stocking
medianoche (*f.*) midnight
médico(a) medical doctor
medio(a) half
medida (*f.*) size
mediodía (*m.*) noon
medir (**e**〉**i**) to measure
mejor better, best
mejorar to improve
mejorarse to get better, to improve (*health*)
melocotón (*m.*) peach
melón de agua (*m.*) watermelon
menor younger
menos less, least
mentir (**e**〉**ie**) to lie
menú (*m.*) menu
mercado (*m.*) market
mermelada (*f.*) marmalade
mes (*m.*) month
mesa (*f.*) table
  —de centro (*f.*) coffee table

mesero(a) waiter (waitress)
mesita de noche (*f.*) night table, night stand
mexicano(a) Mexican
miembro (*m.*) member
mientras while
  —tanto in the meantime
milanesa (*f.*) breaded veal cutlet
millaje (*m.*) mileage
mineral (*m.*) mineral
mirar(se) to look at (oneself)
mismo(a) same
mixto(a) mixed
mochila (*f.*) back pack, knapsack
moderno(a) modern
mojado(a) wet
moler (**o**〉**ue**) to grind
montaña (*f.*) mountain
morder (**o**〉**ue**) to bite
moreno(a) dark-skinned
morir (**o**〉**ue**) to die
morirse (**o**〉**ue**) **de hambre** to starve
mostaza (*f.*) mustard
mostrador (*m.*) counter
mostrar (**o**〉**ue**) to show
motor (*m.*) engine, motor
mozo (*m.*) waiter
muchacha (*f.*) girl, young woman
muchacho (*m.*) boy, young man
mucho(a) much, a lot
mudarse to move (*i.e., from one house to another*)
muebles (*m.*) furniture
muela (*f.*) tooth, molar
mujer (*f.*) woman
muletas (*f.*) crutches
multa (*f.*) fine, ticket
mundial world-wide
muñeca (*f.*) wrist
músico musician
muy very

N

nada nothing
nadar to swim
nadie nobody, no one
nariz (*f.*) nose
natación (*f.*) swimming
nativo(a) native
náusea (*f.*) nausea
navaja (*f.*) razor blade

Navidad (*f.*) Christmas
necesario necessary
necesitar to need
negocio (*m.*) business
negro(a) black
nervioso(a) nervous
nevar (**e**〉**ie**) to snow
niña (*f.*) girl (*child*)
niño (*m.*) boy (*child*)
no funciona out of order, it doesn't work
no importa it doesn't matter
noche (*f.*) night
nombre (*m.*) name
norte (*m.*) north
noticia (*f.*) news
novia (*f.*) girlfriend
novio (*m.*) boyfriend
novocaína (*f.*) Novocaine
nublado cloudy
nuevo(a) new
número (*m.*) number
nunca never

O

o or, either
objeto (*m.*) object
ocupado(a) busy
oeste (*m.*) west
oficial de guardia (*m.*) officer on duty
oficina de cambio (*f.*) money exchange office
oficina de correos (*f.*) post office
oficina de telégrafos (*f.*) telegraph office
oficina de turismo (*f.*) tourist office
ojo (*m.*) eye
olvidar(se) (**de**) to forget
olla (*f.*) pot
ómnibus (*m.*) bus
operador(a) (*m. & f.*) operator
operar to operate
oreja (*f.*) ear
oro (*m.*) gold
orquesta (*f.*) orchestra
ostra (*f.*) oyster
otra vez again
otro(a) other, another
¡oye! listen!

P

paciencia (*f.*) patience
padecer (**de**) to suffer from
padre (*m.*) father
padres (*m.*) parents
pagar to pay
—**por adelantado** to pay in advance
palabra (*f.*) word
pan (*m.*) bread
—**rallado** (*m.*) bread crumbs
panadería (*f.*) bakery
pantalones (*m.*) pants, trousers
pantimedias (*f.*) pantyhose
pañuelo (*m.*) handkerchief
papa (*f.*) potato
—**al horno** baked potato
papá (*m.*) dad, father
papas fritas (*f.*) French fries
papel de cartas (*m.*) writing paper
papel higiénico (*m.*) toilet paper
paperas (*f.*) mumps
paquete (*m.*) package
par (*m.*) pair
para acá towards here
parabrisas (*m.*) windshield
parar to stop
parecer to seem
pared (*f.*) wall
pareja (*f.*) couple
pariente (*m. & f.*) relative
parque (*m.*) park
parte (*f.*) part
partido (*m.*) game, match
pasado(a) last
pasado mañana the day after tomorrow
pasado por agua soft-boiled
pasaje (*m.*) ticket
pasajero(a) (*m. & f.*) passenger
pasaporte (*m.*) passport
pasar (**por**) to go through, to go by
pasar la aspiradora to vacuum
pasársele a uno to get over
pasillo (*m.*) hall, hallway
pasta dentífrica (*f.*) toothpaste
pastel (*m.*) pie
pastilla (*f.*) pill
patata (*f.*) potato
patilla (*f.*) sideburn
patinar to skate
pato (*m.*) duck
pavimento (*m.*) pavement
pavo (*m.*) turkey

payama (*f.*) pajama
pecho (*m.*) chest
pedido (*m.*) order
pedir (e〉i) to ask for, to request
pedir turno to make an appointment
peinado (*m.*) (*hair*) set, hairdo
peinar(se) to comb one's hair
peine (*m.*) comb
pelar to peel
pelea (*f.*) fight
película (*f.*) film, movie
peligro (*f.*) danger
peligroso(a) dangerous
pelirrojo(a) redheaded
pelo (*f.*) hair
peluca (*f.*) wig
peluquería (*f.*) beauty parlor
peluquero(a) (*m. & f.*) hairdresser
penicilina (*f.*) penicillin
pensar (e〉ie) to plan, to intend; to think
pensión (*f.*) boarding house
peor worse, worst
pepino (*m.*) cucumber
pequeño(a) small
pera (*f.*) pear
perder (e〉ie) to lose
perder el conocimiento to be unconscious, to lose consciousness
perdón excuse me, pardon me
periódico (*m.*) newspaper
perla (*f.*) pearl
perla de cultivo (*m.*) cultured pearl
permanente (*f.*) permanent (*hair*)
permiso (*m.*) permit
persona (*f.*) person
perro(a) (*m. & f.*) dog
pesar to weigh
pescado (*m.*) fish
pescar to fish
pescar una pulmonía to catch pneumonia
peso (*m.*) weight
—**ligero** (*m.*) lightweight
petróleo (*m.*) oil
picadillo (*m.*) ground meat
picnic (*m.*) picnic
pie (*m.*) foot
pierna (*f.*) leg
pieza de respuesto (*f.*) extra part
pintar to paint

pintura (*f.*) paint
piña (*f.*) pineapple
piorrea (*f.*) pyorrhea
piscina (*f.*) swimming pool
piso (*m.*) floor, apartment (*Spain*)
piyama (*m.*) pajama
placa (*f.*) license plate
plan (*m.*) plan
plancha (*f.*) iron
planchar to iron
planilla (*f.*) form
plata (*f.*) silver
playa (*f.*) beach
pluma (*f.*) pen
poco(a) little (*quantity*)
pocos(as) few
poder (o〉ue) to be able to
policía de tránsito (tráfico) (*m. & f.*) traffic officer
pollo (*m.*) chicken
poner (dar) puntos to give stitches
poner(se) to put (on)
poner la mesa to set the table
popular popular
por aquí around here, this way
por ciento percent
por correo by mail
por día a (per) day
por favor please
por fin at last, finally
por noche a (*per*) night
¿por qué? why
por suerte luckily
por vía aérea air mail
porque because
portaguantes (*m.*) glove compartment
postre (*m.*) dessert
practicar to practice
precio (*m.*) price
preferir (e〉ie) to prefer
preguntar to ask (*a question*)
prender fuego to set a fire
preocupado(a) worried
preocuparse to worry
preparar to prepare
preparar(se) to get ready
presión (*f.*) blood pressure, pressure
préstamo (*m.*) loan
prestar to lend
prestar atención to pay attention
primera clase first class
primero(a) first

primo(a) (*m. & f.*)   cousin
privado(a)   private
probable   probable
probador (*m.*)   fitting room
probar(se) (o>ue)   to try, to try on
pronóstico (*m.*)   forecast
pronto   soon
propina (*f.*)   tip
próspero(a)   prosperous
próximo(a)   next
público(a)   public
puente (*m.*)   bridge
puerta (*f.*)   door, gate (*at an airport*)
　—**de salida** (*f.*)   boarding gate
pues   well, for, because
puesto de revistas (*m.*)   magazine stand
pulgada (*f.*)   inch
pulmonía (*f.*)   pneumonia
pulsera (*f.*)   bracelet
puntos (*m.*)   stitches
puré de papas (*m.*)   mashed potatoes

Q

¿qué?   what
¿qué hay de nuevo?   what is new?
¡qué lástima!   what a pity!
¡qué lío!   what a mess!
¿qué tal?   how is it going?
quedar   to be located
quedarse   to stay, to remain
quedarse en casa   to stay home
quejarse   to complain
quemadura (*f.*)   burn
querido(a)   dear
queso (*m.*)   cheese
quitar(se)   to take away, to take off

R

radiador (*m.*)   radiator
radiografía (*f.*)   X-ray
ramo (*m.*)   bouquet
rápido(a) (*adj.*)   fast
rápido (*m.*)   express
raya (*f.*)   part
reacción (*f.*)   reaction
recepcionista (*m. & f.*)   receptionist

recetar   to prescribe
recibir   to receive
recogedor (*m.*)   dust pan
recoger   to pick up
recomendar (e>ie)   to recommend
recordar (o>ue)   to remember
recortar   to trim
recorte (*m.*)   trim
refresco (*m.*)   soda pop, cool drink
regalar   to give (*a gift*)
regalo (*m.*)   gift
registro (*m.*)   register
regresar   to return
regreso (*m.*)   return
rehusar   to refuse
reloj (*m.*)   watch, clock
　—**de pulsera** (*m.*)   wristwatch
relleno(a)   stuffed
remolacha (*f.*)   beet
remolcar   to tow
reservación (*f.*)   reservation
reservar   to reserve
residencia universitaria (*f.*)   dormitory
residencial   residential
respirar   to breathe
　—**hondo**   to take a deep breath
restaurante (*m.*)   restaurant
resto (*m.*)   rest, remainder
reunión (*f.*)   meeting
revelar   to develop
revisar   to check
revista (*f.*)   magazine
revuelto(a)   scrambled
rico(a)   tasty
ridículo(a)   ridiculous
rizador (*m.*)   hair curler
rizar   to curl
robar   to steal, to rob
robo (*m.*)   robbery
rodeado(a) (de)   surrounded by
rodilla (*f.*)   knee
rojo(a)   red
rollo de película (*m.*)   roll of film
romper   to break
ron (*m.*)   rum
ropa (*f.*)   clothes
　—**interior** (*f.*)   underwear
rosa (*f.*)   rose
rosado(a)   pink
rubeola (*f.*)   three-day measles
rubio(a)   blonde

S

sábana (*f.*)   sheet
saber   to know
sabroso(a)   tasty, rich
sacar   to take out
　—**la lengua**   to stick out one's tongue
sacudir los muebles   to dust the furniture
sala (*f.*)   room, living room
　—**de emergencia** (*f.*)   emergency room
　—**de espera** (*f.*)   waiting room
　—**de rayos X** (*f.*)   X-ray room
salchicha (*f.*)   sausage
saldo (*m.*)   balance
salida (*f.*)   exit
salir   to go out, to leave
salmón (*m.*)   salmon
salón de belleza (*m.*)   beauty parlor
salón de estar (*m.*)   family room
salsa (*f.*)   sauce
¡salud!   cheers!
sandalia (*f.*)   sandal
sandía   watermelon
sándwich (*m.*)   sandwich
sangrar   to bleed
sarampión (*m.*)   measles
sarro (*m.*)   plaque
sartén (*f.*)   frying pan
secador (*m.*)   (*hair*) dryer
secadora (*f.*)   (*clothes*) dryer
seco(a)   dry
seguir (e>i)   to follow, to continue
seguro(a)   sure
seguro (*m.*)   insurance
　—**médico** (*m.*)   medical insurance
sello (*m.*)   stamp
semáforo (*m.*)   traffic signal
semana (*f.*)   week
semestre (*m.*)   semester
sentar(se) (e>ie)   to sit, to sit down
sentir(se) (e>ie)   to feel
señal de parada (*f.*)   stop sign
ser   to be
servicio (*m.*)   service
　—**de habitación**   room service
servir (e>i)   to serve
si   whether
siempre   always

siesta (*f.*) nap
siguiente next, following
silla (*f.*) chair
simpático(a) nice, charming
sin without
　—falta without fail
síntoma (*m.*) symptom
sirviente(a) servant
sobre (*m.*) envelope
sobre on, on top of
　—todo especially, above all
socio(a) member
¡socorro! help
sofá (*m.*) sofa
soleado(a) sunny
solicitar to request
solo(a) alone
sólo only
soltero(a) single
sopa (*f.*) soup
sortija (*f.*) ring
sospechar to suspect
subdesarrollado(a) underdeveloped
subir to climb, to go up, to get on, to board (*a plane*)
　—el volumen to turn up the volume
subterráneo (*m.*) subway
suceder to happen
sucio(a) dirty
suegra (*f.*) mother-in-law
suegro (*m.*) father-in-law
sueldo (*m.*) salary
suelo (*m.*) ground, floor
suerte (*f.*) luck
suéter (*m.*) sweater
suficiente enough, sufficient
sugerir (e〉ie) to suggest
supermercado (*m.*) supermarket
supersticioso(a) superstitious
suponer (*conj. like* poner) to suppose
sur (*m.*) south

T

talonario de cheques (*m.*) checkbook
talla (*f.*) size
taller de mecánica (*m.*) repair shop
también too, also
tampoco neither
tan such a, so
　—pronto como as soon as

tanque (*m.*) tank
tanto so such
tarde late
tarde (*f.*) afternoon
tarifa (*f.*) rate
tarjeta (*f.*) card
　—de crédito (*f.*) credit card
　—postal (*f.*) postcard
taxi (*m.*) taxi
taza (*f.*) cup
té (*m.*) tea
teatro (*m.*) theater
técnico technician
televisor (*m.*) T.V. (*set*)
temer to fear
tener cuidado to be careful
tener... de atraso to be ... behind
tener en cuenta to keep in mind
tener ganas de to feel like
tener la culpa to be at fault
tener lugar to take a place
tener suerte to be in luck, to be lucky
terminar to finish
terrible terrible
testigo (*m. & f.*) witness
tétano (*m.*) tetanus
tía (*f.*) aunt
tío (*m.*) uncle
tiempo (*m.*) time
tienda (*f.*) store
tienda de campaña (*f.*) tent
timbre (*m.*) stamp (*Mex.*)
toalla (*f.*) towel
tobillo (*m.*) ankle
tocadiscos (*m.*) record player
tocar to touch
tocarle a uno to be one's turn
tocino (*m.*) bacon
todavía still, yet
todo everything
todos(as) all, everyone
tomar to drink, to take (*a bus, train, etc.*)
tomate (*m.*) tomato
torcer (o〉ue) to twist
toronja (*f.*) grapefruit
torta (*f.*) cake
tortilla (*f.*) omelet
tos (*f.*) cough
tostada (*f.*) piece of toast
tostadora (*f.*) toaster
trabajar to work
trabajo (*m.*) work, job
traer to bring
traje (*m.*) suit

transformador (*m.*) transformer
trasbordar to change (*trains, buses, etc.*)
tren (*m.*) train
trucha (*f.*) trout
turbulencia (*f.*) turbulence
turista (*m. & f.*) tourist
turno (*m.*) turn

U

último(a) last (*in a series*)
un poco (de) a little, a slight
una vía one way
unas... about (*approximately*)
único(a) (el, la) the only one
urgente urgent
usar to use, to wear
uvas (*f.*) grapes

V

vacaciones (*f.*) vacation
vacío(a) empty
vainilla (*f.*) vanilla
vaso (*m.*) glass
vecino(a) (*m. & f.*) neighbor
vegetariano(a) vegetarian
velocidad (*f.*) speed
velocidad máxima (*f.*) speed limit
vencer to defeat
vender to sell
venir to come
venta especial (*f.*) sale
ventana (*f.*) window
ventanilla (*f.*) window (*at a bank, on a plane, etc.*)
ver to see
¿verdad? true?, right?
verde green
verdura (*f.*) vegetable
vereda (*f.*) sidewalk
vermut (*m.*) vermouth
vestíbulo (*m.*) lobby
vestido (*m.*) dress
vestir(se) (e〉i) to dress, to get dressed
vez (*f.*) time
viajar to travel
viaje (*m.*) travel, trip
vidriera (*f.*) store window
viejo(a) old
vino (*m.*) wine
　—tinto red wine
violación (*f.*) rape

visa (*f.*) visa
visitar to visit
vivir to live
volante (*m.*) steering wheel
volar (o>ue) to fly
volumen (*m.*) volume
volver (o>ue) to come (go) back
vomitar to throw up
voz (*f.*) voice

vuelo (*m.*) flight
vuelto (*m.*) change

Y

ya already
ya lo sé I already know it
ya no no longer
yogur (*m.*) yogurt

Z

zanahoria (*f.*) carrot
zapatería (*f.*) shoe store
zapato (*m.*) shoe
zona de estacionamiento (*f.*)
  parking lot

A

about unas; alrededor de, acerca de, sobre
above sobre
—**all** sobre todo
absurd absurdo(a)
accept aceptar
ache doler (o〉ue)
account cuenta (*f.*)
accounting contabilidad (*f.*)
ad aviso (*m.*), anuncio (*m.*)
additional adicional
address dirección (*f.*), domicilio (*m.*)
advise aconsejar
after después (de)
afternoon tarde (*m.*)
afterwards luego, después
again otra vez
age edad (*f.*)
agency agencia (*f.*)
agent agente (*m. & f.*)
agree estar de acuerdo
air aire (*m.*)
—**conditioning** aire acondicionado (*m.*)
air mail por vía aérea
airline aerolínea (*f.*)
airport aeropuerto (*m.*)
airsick mareado(a)
airsickness mareo (*m.*)
already ya
also también
all todos(as)
allergic alérgico(a)
almost casi
alone solo(a)
also también
always siempre
ambulance ambulancia (*f.*)
amusing divertido(a)
anniversary aniversario (*m.*)
another otro(a)
anybody alguien
anything cualquier cosa
—**else?** ¿algo más?
apartment apartamento (*m.*), piso (*m.*) (*Spain*)
appendicitis apendicitis (*m.*)
apple manzana (*f.*)
arm brazo (*m.*)
armchair butaca (*f.*)
around here por aquí

arrive llegar
art arte (*m.*)
article artículo (*m.*)
as soon as en cuanto
ash ceniza (*f.*)
ashtray cenicero (*m.*)
ask (a question) preguntar
ask (for) pedir (e〉i)
aspirin aspirina (*f.*)
asthma asma (*f.*)
at a, en
at cost a precio de costo, al costo
at home en casa
at last por fin
at the end al final
at the sides a los costados
attempt atentado (*m.*)
attend asistir
anesthesia anestesia (*f.*)
ankle tobillo (*m.*)
antibiotic antibiótico (*m.*)
aunt tía (*f.*)
auto club club automovilístico (*m.*)
automatic automático(a)
avenue avenida (*f.*)

B

back espalda (*f.*)
backpack mochila (*f.*)
bacon tocino (*m.*)
bad malo(a)
—**breath** mal aliento (*m.*)
badly mal
bag bolsa (*f.*)
baked al horno
bakery panadería (*f.*)
balance saldo (*m.*)
bandaid curita (*f.*)
bangs flequillos (*m.*)
bank banco (*m.*)
barbershop barbería (*f.*)
bargain ganga (*f.*)
basketball básquetbol (*m.*)
bathe bañar(se)
bathroom cuarto de baño (*m.*), baño (*m.*)
bathtub bañadera (*f.*)
battery batería (*f.*)
be ser
—**at fault** tener la culpa

—**... behind** tener... de atraso
—**careful** tener cuidado
—**glad** alegrarse
—**in luck** tener suerte
—**in style** estar de moda
—**located** quedar
—**lucky** tener suerte
—**on vacation** estar de vacaciones
—**one's turn** tocarle a uno
—**operated on** ser operado(a)
—**too tight** apretar (e〉ie)
—**unconscious** perder el conocimiento
beach playa (*f.*)
beard barba (*f.*)
beat batir
beautiful hermoso(a)
beauty parlor salón de belleza (*m.*), peluquería (*f.*)
because porque, pues
bed cama (*f.*)
bedroom dormitorio (*m.*), recámara (*f.*) (*Méx*)
—**set** juego de cuarto (dormitorio) (*m.*)
beer cerveza (*f.*)
beet remolacha (*f.*)
before antes de
begin comenzar (e〉ie), empezar (e〉ie)
behind detrás (de)
being that como, ya que
believe creer
bell pepper ají (*m.*)
bellboy botones (*m.*)
belt cinturón (*m.*)
berth litera (*f.*)
besides además
better mejor
bicarbonate bicarbonato (*m.*)
big grande
bill cuenta (*f.*)
birthday cumpleaños (*m.*)
bite morder (o〉ue)
black negro(a)
black and white (*film*) blanco y negro
blanket frazada (*f.*), cobija (*f.*), manta (*f.*)
bleach lejía (*f.*)
bleed sangrar
block cuadra (*f.*)
blonde rubio(a)

blood pressure presión (*f.*)
blue azul
blurry borroso(a)
board (*a plane*) subir
boarding gate puerta de salida
(*f.*)
boarding house pensión (*f.*)
boil hervir (e〉ie)
bonbon bombón (*m.*)
book libro (*m.*)
boot bota (*f.*)
boss jefe(a) (*m. & f.*)
both ambos(as), los (las) dos
bouquet ramo (*m.*)
boy muchacho, niño, chico
—**friend** novio
box caja (*f.*)
bracelet pulsera (*f.*), brazalete
(*m.*)
brake freno (*m.*)
brand marca (*f.*)
bread pan (*m.*)
—**crumbs** pan rallado
breaded empanizado(a)
—**veal** milanesa (*f.*)
break romper
break down (*a car*)
descomponerse
breakfast desayuno (*m.*)
breathe respirar
bridge puente (*m.*)
bring traer
broccoli brócoli (*m.*)
broken (down) descompuesto(a)
broom escoba (*f.*)
broth caldo (*m.*)
brother hermano (*m.*)
brown marrón, café
brush cepillar(se)
building edificio (*m.*)
burn quemadura (*f.*)
bus ómnibus (*m.*), autobús (*m.*)
business negocio (*m.*)
—**administration**
administración de negocios
(*f.*)
busy ocupado(a)
but pero
butcher shop carnicería
butter mantequilla (*f.*)
buy comprar
by mail por correo

C

cafe café (*m.*)
cafeteria cafetería (*f.*)

cake torta (*f.*), pastel (*m.*)
call (*n.*) llamada (*f.*)
call (*v.*) llamar
calm down calmar(se)
calorie caloría (*f.*)
camera cámara fotográfica (*f.*)
camp acampar
cancel cancelar
candy bombones (*m.*), dulce
(*m.*)
captain capitán, capitana
car coche (*m.*), carro (*m.*),
auto (*m.*)
carburetor carburador (*m.*)
card tarjeta (*f.*)
carrot zanahoria (*f.*)
carry llevar
cash en efectivo
—**a check** cobrar (cambiar)
un cheque
—**register** caja (*f.*)
cashier cajero(a)
cat gato(a) (*m. & f.*)
catch pescar
cause causar
cavity carie (*f.*)
celebrate celebrar
celery apio (*m.*)
cent centavo (*m.*)
chair silla (*f.*)
champagne champaña (*f.*)
champion campeón (ona)
(*m. & f.*)
change vuelto (*m.*)
change (*planes, trains, etc.*)
trasbordar
change cambiar
charge cobrar
charming simpático(a)
check (*n.*) cuenta (*f.*)
check (*v.*) revisar, chequear
—**out** desocupar
checkbook talonario de
cheques (*m.*)
checking account cuenta corriente (*f.*)
cheers! ¡salud!
cheese queso (*m.*)
chest pecho (*m.*)
chest of drawers cómoda (*f.*)
chicken pollo (*m.*)
—**and rice** arroz con pollo
(*m.*)
Chilean chileno(a)
chills escalofríos (*m.*)
chocolate chocolate (*m.*)
choose elegir (e〉i), escoger

chop chuleta (*f.*)
Christmas Navidad (*f.*)
church iglesia (*f.*)
cigarette cigarrillo (*m.*)
citizen ciudadano(a)
city ciudad (*f.*)
claim check comprobante (*m.*)
class clase (*f.*)
classmate compañero(a)
(*m. & f.*)
classroom clase (*f.*)
clean limpiar
cleaning limpieza (*f.*)
clear claro(a), soleado(a)
clearly claramente
clerk empleado(a) (*m. & f.*)
client cliente(a) (*m. & f.*)
climb subir
clock reloj, reloj de pared (*m.*)
close cerrar (e〉ie)
clothes ropa (*f.*)
cloudy nublado(a)
coat abrigo (*m.*)
cocktail coctel (*m.*)
coconut coco (*m.*)
cod bacalao
coffee café (*m.*)
coincidence casualidad (*f.*)
cold frío(a)
collect cobrar
collect call a pagar allá
collide chocar
cologne colonia (*f.*)
comb (*one's hair*) (*v.*) peinarse
comb (*n.*) peine (*m.*)
combat combatir
come venir
comfortable cómodo(a)
comment comentar
compact compacto(a)
company compañía (*f.*)
complain quejarse (de)
concert concierto (*m.*)
confirm confirmar
congratulations felicidades,
felicitaciones
contact lenses lentes de
contacto (*m.*)
continue continuar, seguir (e〉i)
converse conversar
cook cocinar
cordially cordialmente
corner esquina (*f.*)
cost costar (o〉ue)
cough tos (*f.*)
—**syrup** jarabe para la tos
(*m.*)

counter mostrador (*m.*)

couple pareja (*f.*)

course curso (*m.*)

cover cubrir

cousin primo(a) (*m. & f.*)

crab cangrejo (*m.*)

cream crema (*f.*)

credit card tarjeta de crédito (*f.*)

crutches muletas (*f.*)

cucumber pepino (*m.*)

cultured pearl perla de cultivo (*f.*)

cup taza (*f.*)

curl rizar

curler rizador (*m.*)

curve curva (*f.*)

custard flan (*m.*)

customs aduana (*f.*)

cut cortar

D

dad papá (*m.*)

daily diario(a), diariamente

dance bailar

dandruff caspa (*f.*)

danger peligro (*m.*)

dangerous peligroso(a)

dark-skinned moreno(a)

date fecha (*f.*)

daughter hija (*f.*)

day día (*m.*)

dear querido(a)

debt deuda (*f.*)

decide decidir

declare declarar

defeat vencer

deliver entregar

defeat derrota (*f.*)

dental floss hilo dental (*m.*)

dentures dientes postizos (*m.*)

deodorant desodorante (*m.*)

department departamento (*m.*)

depend (on) depender (de)

deposit depositar

describe describir

desk escritorio (*m.*)

dessert postre (*m.*)

detergent detergente (*m.*)

detour desvío (*m.*)

develop revelar

diabetes diabetes (*f.*)

diabetic diabético(a)

diamond diamante (*m.*), brillante (*m.*)

diarrhea diarrea (*f.*)

die morir (o〉ue)

difficult difícil

dining room comedor (*m.*)

dinner cena (*f.*), comida (*f.*)

dirty sucio(a)

disappear desaparecer

discotheque discoteca (*f.*)

discount descuento (*m.*)

disease enfermedad (*f.*)

disinfect desinfectar

dizziness mareo (*m.*)

dizzy mareado(a)

doctor doctor(a) (*m. & f.*) médico(a) (*m. & f.*)

doctor's office consultorio (*m.*)

dog perro (*m.*)

dollar dólar (*m.*)

door puerta (*f.*)

dormitory residencia universitaria (*f.*)

double bed cama matrimonial (*f.*)

doubt dudar

downtown centro (*m.*), en el centro

dozen docena (*f.*)

dress vestido (*m.*)

dress (*v.*) vestir(se) (e〉i)

dressy de vestir

drink tomar, beber

drive manejar, conducir

driver conductor(a) (*m. & f.*)

driver's license licencia para conducir (*f.*)

dry seco(a)

dry clean limpiar (lavar) en seco

dry cleaners tintorería (*f.*)

dryer secador (*m.*), secadora (*f.*)

duck pato (*m.*)

during durante

dust (*v.*) sacudir (*furniture*)

dust (*n.*) polvo (*m.*), polvareda (*f.*)

　　—pan recogedor (*m.*)

E

each cada

ear oreja (*f.*), oído (*m.*)

early temprano

earring arete, aro, pendiente (*m.*)

east este (*m.*)

easy fácil

eat comer

economics ciencias económicas (*f.*)

egg huevo (*m.*), blanquillo (*m.*) (*Méx*)

electric eléctrico(a)

elegant elegante

elevator elevador (*m.*), ascensor (*m.*)

else más

emergency room sala de emergencia (*f.*)

employ emplear, contratar

empty vacío(a)

end fin (*m.*)

endorse endosar

engagement compromiso (*m.*)

engine motor (*m.*)

England Inglaterra (*f.*)

enough bastante, suficiente

enter entrar

envelope sobre (*m.*)

escalator escalera mecánica (*f.*)

especially sobre todo, especialmente

even though aunque

ever alguna vez, jamás

every cada, todos

every day todos los días

everyone todos(as)

everything todo

eye ojo (*m.*)

eyeglasses lentes (*m.*), anteojos (*m.*), gafas (*f.*), espejuelos (*m.*)

exaggerate exagerar

excess exceso (*m.*)

exchange cambiar

excuse me perdón, disculpe

exit salida (*f.*)

expel expulsar

expenses gastos (*m.*)

expensive caro(a)

express rápido (*m.*), expreso (*m.*)

exterior (*adj.*) exterior

extra extra

　　—part pieza de repuesto (*f.*)

extract extraer (*conj. like* traer)

F

face cara (*f.*)

fall down caerse

false teeth dientes postizos (*m.*)

family familia (*f.*)

　　—room salón de estar (*m.*)

fantastic fantástico(a),
  estupendo(a)
far lejos
fast rápido(a)
fasten your seat belt abrocharse
  el cinturón
fat gordo(a)
father padre, papá (*m.*)
  —in-law suegro (*m.*)
fear temer
feel sentir(se) (e〉ie)
  —like tener ganas de
fever fiebre (*f.*)
few pocos(as)
fight pelea (*f.*)
fill llenar, empastar (*a tooth*)
film película (*f.*)
find encontrar (o〉ue)
fine multa (*f.*)
finger dedo (*m.*)
finish terminar
fire incendio (*m.*), fuego (*m.*)
  —extinguisher extinguidor
    de incendios (*m.*)
fireman bombero(a) (*m. & f.*)
first primero(a)
  —class (de) primera clase
fish pescar
fish pescado (*m.*)
fishing pole caña de pescar (*f.*)
fit quedar (*clothes*)
fitting room probador (*m.*)
fix arreglar, reparar
flat tire goma pinchada (*f.*)
flight vuelo (*m.*)
  —attendant sobrecargo (*m.*),
    azafata (*f.*), auxiliar de
    vuelo (*m. & f.*)
floor piso (*m.*)
flour harina (*f.*)
flower flor (*f.*)
  —shop florería (*f.*)
flu gripe (*f.*)
fly volar (o〉ue)
fold doblar
follow seguir (e〉i)
following (*adj.*) siguiente
food comida (*f.*), alimento (*m.*)
foot pie (*m.*)
football fútbol americano (*m.*)
for para, por, pues
forecast pronóstico (*m.*)
forehead frente (*f.*)
foreigner extranjero(a)
  (*m. & f.*)
forget olvidar(se) (de)
form planilla (*f.*)
fortunately afortunadamente

fortune fortuna (*f.*)
fracture (*v.*) fracturar(se)
fracture (*n.*) fractura (*f.*)
frame armadura (*f.*)
free libre, gratis
freeway autopista (*f.*)
French fries papas fritas (*f.*)
fried frito(a)
friend amigo(a) (*m. & f.*)
from desde, de
frozen congelado(a)
fruit fruta (*f.*)
fry freír
frying pan sartén (*f.*)
function funcionar
furniture muebles (*m.*)

G

game partido (*m.*), juego (*m.*)
garden jardín (*m.*)
garlic ajo (*m.*)
gasoline gasolina (*f.*)
gate (*at an airport*) puerta (*f.*)
gee! ¡caramba!
gelatine gelatina (*f.*)
gentleman caballero (*m.*), señor
  (*m.*)
Germany Alemania (*f.*)
get conseguir (e〉i)
  —better mejorar(se)
  —bored aburrirse
  —hurt lastimarse
  —married casarse (con)
  —on subir(se)
  —over (*sickness*) pasársele a
    uno
  —ready prepararse
  —up levantarse
  —used to acostumbrarse (a)
gift regalo (*m.*)
gift-wrap envolver (o〉ue) para
  regalo
gin ginebra (*f.*)
girl muchacha (*f.*), niña (*f.*),
  chica (*f.*)
  —friend novia (*f.*)
give dar, (*a gift*) regalar
back devolver (o〉ue)
  —a shot poner una inyección
glass vaso (*m.*), vidrio (*m.*)
glove guante (*m.*)
  —compartment portaguantes
    (*m.*), guantera (*f.*)
go ir
  —fishing ir de pesca
  —hunting ir de caza

  —in entrar
  —on a tour ir de excursión
  —out salir
  —shopping ir de compras
  —through pasar
  —to bed acostarse (o〉ue)
  —up subir
gold oro (*m.*)
good bien
good (*adj.*) bueno(a)
  —appetite buen provecho
government gobierno (*m.*)
gown bata (*f.*)
graduation graduación (*f.*)
grandfather abuelo (*m.*)
grandmother abuela (*f.*)
grapefruit toronja (*f.*)
grapes uvas (*f.*)
great estupendo(a)
green verde
grey gris
grind moler (o〉ue)
ground suelo (*m.*)
ground meat carne picada (*f.*),
  picadillo (*m.*)
guest huésped (*m. & f.*)
guide guía (*m. & f.*)
  —book guía (*f.*)
gum encía (*f.*)

H

ha! ¡ja!
hair cabello (*m.*), pelo (*m.*)
haircut corte de pelo (*m.*)
hairdo peinado (*m.*)
hairdresser peluquero(a)
  (*m. & f.*)
half medio(a)
hall(way) pasillo (*m.*), corredor
  (*m.*)
ham jamón (*m.*)
hamburger hamburguesa (*f.*)
hand mano (*f.*)
handbag bolso de mano (*m.*)
handkerchief pañuelo (*m.*)
handsome guapo(a)
happen suceder, pasar
happy feliz
hard-boiled egg huevo duro
  (*m.*)
hardly apenas
have tener
have fun divertirse (e〉ie)
have on llevar puesto(a), tener
  puesto(a)
have supper (dinner) cenar

head cabeza (*f.*)
heart corazón (*m.*)
   —**attack** ataque al corazón (*m.*)
heating calefacción (*f.*)
heavy pesado(a)
   —**shower** aguacero (*m.*)
height altura (*f.*), estatura (*f.*)
hello hola
help! ¡socorro!, ¡auxilio!
help (*v.*) ayudar
here aquí
   —**it is** aquí está
hi hola
high alto(a)
highway carretera (*f.*)
hire emplear, contratar
hit (oneself) golpear(se)
home casa (*f.*), hogar (*m.*)
honey miel (*f.*)
honeymoon luna de miel (*f.*)
hood (*of a car*) capó (*m.*)
hors d'oeuvres entremeses (*f.*)
hot caliente
hour hora (*f.*)
house casa (*f.*)
how long? ¿cuánto tiempo?
hug abrazo (*m.*)
hurry darse prisa, apurarse
hurt doler (o〉ue)
husband esposo (*m.*)

I

ice cream helado (*m.*)
ice pack bolsa de hielo (*f.*)
idea idea (*f.*)
immigration inmigración (*f.*)
improve mejorar
improve (*one's health*) mejorarse
in dentro (de), en
in love enamorado(a)
in order en regla
in that case entonces, en ese caso
in the meantime mientras tanto
inch pulgada (*f.*)
inexpensive barato(a)
infected infectado(a)
infection infección (*f.*)
influenza gripe (*f.*)
information información (*f.*)
initial inicial
inside adentro
insurance seguro (*m.*)
insure asegurar
intend pensar (e〉ie)

interest interés (*m.*)
interior (*adj.*) interior
interview entrevista (*f.*)
invitation invitación (*f.*)
invite invitar
iron (*n.*) plancha (*f.*)
iron (*v.*) planchar

J

jack gato (*m.*)
jacket chaqueta (*f.*)
jail cárcel (*f.*)
jam jalea (*f.*)
jewel joya (*f.*)
jeweler joyero(a) (*m. & f.*)
jewelry store joyería (*f.*)
joke bromear, decir en broma
joke broma (*f.*)
judge juez (*m. & f.*)
juice jugo (*m.*)

K

keep mantener (*conf. like* tener)
   —**in mind** tener en cuenta
key llave (*f.*)
kill matar
kilometer kilómetro (*m.*)
kind amable, bueno (*adj.*)
kind (*n.*) clase (*f.*)
kitchen cocina (*f.*)
   —**sink** fregadero (*m.*)
knapsack mochila (*f.*)
knee rodilla (*f.*)
knife cuchillo (*m.*)
know conocer, saber

L

ladies' clothes ropa para señoras (damas) (*f.*)
lady dama, señora (*f.*)
lake lago (*m.*)
lamb cordero (*m.*)
lamp lámpara (*f.*)
land (*a plane*) aterrizar
language idioma (*m.*), lengua (*f.*)
laboratory laboratorio de lenguas (*m.*)
last (*adj.*) último(a), pasado(a)
   —**night** anoche

last (*v.*) durar
late tarde
later al rato
Latin America Latinoamérica (*f.*)
Latin American latinoamericano(a)
law ley (*f.*)
learn aprender
leather cuero (*m.*)
leave dejar; irse, salir
left izquierdo(a)
leg pierna (*f.*)
lemon limón (*m.*)
lemonade limonada (*f.*)
lend prestar
less menos
let me see déjeme (déjame) ver
letter letra (*f.*), carta (*f.*)
lettuce lechuga (*f.*)
library biblioteca (*f.*)
license licencia (*f.*)
   —**plate** chapa (*f.*), placa (*f.*)
lie mentir (e〉ie)
light luz (*f.*)
lighter encendedor (*m.*)
lightweight peso ligero (*m.*)
like como
like (*v.*) gustar
limit límite (*m.*)
line línea (*f.*)
liquid líquido (*m.*)
list lista (*f.*)
listen escuchar
literature literatura (*f.*)
little poco(a) (*quantity*)
live vivir
living room sala (*f.*)
loan préstamo (*m.*)
lobby vestíbulo (*m.*)
lobster langosta (*f.*)
lock (*n.*) cerradura (*f.*)
lock (*v.*) cerrar con llave
long largo(a)
   —**distance** larga distancia
look at (oneself) mirar(se)
look for buscar
lose perder (e〉ie)
love cariño (*m.*), amor (*m.*)
love (*v.*) amar, querer (e〉ie), encantarle a uno
low bajo(a)
lower berth litera baja (*f.*)
luck suerte (*f.*)
luckily por suerte, afortunadamente
luggage equipaje (*m.*)
lunch almuerzo (*f.*)

M

magazine revista (*f.*)
magnificent magnífico(a)
maid criada, sirvienta (*f.*)
mail (*n.*) correo (*m.*)
mail (*v.*) echar al correo
maintain mantener (*conj. like* tener)
make a stopover hacer escala
make an appointment pedir turno
make the bed hacer la cama
make-up maquillaje (*m.*)
man hombre (*m.*)
manager gerente (*m. & f.*), encargado(a) (*i.e. of an apartment building*)
manicure manicura (*f.*)
map mapa (*m.*)
margarine margarina (*f.*)
market mercado (*m.*)
marmalade mermelada (*f.*)
married casado(a)
　—**couple** matrimonio (*m.*)
marry casarse (con)
mashed potatoes puré de papas (*m.*)
match (*v.*) hacer juego
match (*n.*) partido (*m.*); fósforo (*m.*)
mathematics matemáticas (*f.*)
matter importar
mattress colchón (*m.*)
mayonnaise mayonesa (*f.*)
meal comida (*f.*)
measles sarampión (*m.*)
measure medir (e>i)
meat carne (*f.*)
meatball albóndiga (*f.*)
mechanic mecánico (*m.*)
medical history hoja clínica (*f.*)
medical insurance seguro médico (*m.*)
medium height (de) estatura mediana
meeting junta (*f.*), reunión (*f.*)
member socio(a), miembro (*m. & f.*)
menu menú (*m.*)
mess lío (*m.*)
Mexican mexicano(a)
midight medianoche (*f.*)
mileage millaje (*m.*)
milk leche (*f.*)
mineral mineral (*m.*)
　—**water** agua mineral (*m.*)

mirror espejo (*m.*)
mixed mixto(a)
modern moderno(a)
moment momento (*m.*)
money dinero (*m.*)
month mes (*m.*)
most la mayoría
mother madre (*f.*), mamá (*f.*)
　—**in-law** suegra (*f.*)
motor motor (*m.*)
mountain montaña (*f.*)
moustache bigote (*m.*)
mouth boca (*f.*)
move mudar(se)
movie película (*f.*)
　—**theatre** cine (*m.*)
much mucho(a)
mumps paperas (*f.*)
musician músico (*m. & f.*)
must deber
mustard mostaza (*m.*)

N

name nombre (*m.*)
nap siesta (*f.*)
narrow angosto(a)
native nativo(a)
nausea náusea (*f.*)
near cerca (de)
necessary necesario(a)
neck cuello (*m.*)
necklace collar (*m.*)
need necesitar
neither tampoco
neighbor vecino(a) (*m. & f.*)
neighborhood barrio (*m.*), vecindad (*f.*)
nervous nervioso(a)
never nunca
new nuevo(a)
news noticia (*f.*)
newspaper diario (*m.*), periódico (*m.*)
newstand puesto de revistas (*m.*)
next siguiente, próximo(a)
　—**to** al lado de
nice simpático(a)
night noche (*f.*)
　—**table** mesita de noche (*f.*)
nightgown camisón (*m.*)
no longer ya no
nobody nadie
noodles fideos (*m.*)
noon mediodía (*m.*)

north norte (*m.*)
nose nariz (*f.*)
notebook cuaderno (*m.*)
nothing nada
Novocaine novocaína (*f.*)
now ahora
number número (*m.*)
nurse enfermero(a) (*m. & f.*)

O

object objeto (*m.*)
office oficina (*f.*)
officer on duty oficial de guardia (*m.*)
often a menudo, seguido
okay bueno
oil aceite (*m.*), petróleo (*m.*)
old viejo(a)
older mayor
olive aceituna (*f.*)
omelet tortilla a la francesa (*f.*)
on (*prep.*) sobre, en
on (*electricity*) encendido(a)
on foot a pie
on top of sobre, encima de
one way de ida, una vía, sentido único
onion cebolla (*f.*)
only sólo, solamente
　—**child** único(a) hijo(a)
open abrir
operate operar
operator operador(a) (*m. & f.*)
or o
orange juice jugo de naranja (*m.*)
orchestra orquesta (*f.*)
order (*v.*) encargar, pedir (e>i), ordenar
order (*n.*) pedido (*m.*)
other otro(a)
ouch! ¡ay!
out of order descompuesto(a), no funciona
outfit conjunto (*m.*)
oven horno (*m.*)
owe deber
owner dueño(a) (*m. & f.*)
oyster ostra (*m. & f.*)

P

package paquete (*m.*)
pain dolor (*m.*)
　—**killer** calmante (*m.*)

paint   pintura (*f.*)
paint   pintar
pair   par (*m.*)
pajama   piyama (*m.*)
pantihose   pantimedias (*f.*)
pantsuit   conjunto de pantalón y chaqueta (*m.*)
pardon me   perdón
parents   padres (*m.*)
park (*v.*)   estacionar, aparcar
park (*n.*)   parque (*m.*)
parking lot   zona de estacionamiento (*f.*)
part   parte (*f.*), raya (*f.*)
party   fiesta (*f.*)
party pooper   aguafiestas (*m. & f.*)
passenger   pasajero(a) (*m. & f.*)
patience   paciencia (*f.*)
pavement   pavimento (*m.*)
pay   pagar
pay attention   prestar atención
pay in advance   pagar por adelantado
pea   arveja (*f.*), guisante (*m.*), chícharo (*m.*)
peach   durazno (*m.*), melocotón (*m.*)
peanut   maní (*m.*), cacahuate (*m.*)
pear   pera (*f.*)
pearl   perla (*f.*)
peel   pelar
pen   pluma (*f.*)
pencil   lápiz (*m.*)
penicillin   penicilina (*f.*)
penny   centavo (*m.*)
people   gente (*f.*)
percent   por ciento
permanent   permanente (*f.*)
permit   permiso (*m.*)
person   persona (*f.*)
pharmacy   farmacia (*f.*)
photo   foto (*f.*)
photography   fotografía (*f.*)
pick up   recoger
picnic   picnic (*m.*), merienda campestre (*f.*)
pie   pastel (*m.*)
piece of toast   tostada (*f.*)
pill   pastilla (*f.*)
pillow   almohada (*f.*)
pillowcase   funda (*f.*)
pineapple   piña (*f.*)
pink   rosado(a)
pitcher   jarra (*f.*)
place   lugar (*m.*)

plan (*v.*)   pensar (e>ie), planear
plan (*n.*)   plan (*m.*)
plane   avión (*m.*)
plaque   sarro (*m.*)
platform (*railway.*)   andén (*m.*)
play   jugar
please   por favor, favor de
plug in   enchufar
pneumonia   pulmonía (*f.*)
popular   popular
pound   libra (*f.*)
postcard   tarjeta postal (*f.*)
post office   oficina de correos (*f.*), correo (*m.*)
pot   olla (*f.*)
potato   papa (*f.*), patata (*f.*)
practice   practicar
prefer   preferir (e>ie)
pregnant   embarazada
prepare   preparar
prescribe   recetar
pretty   bonito(a), bello(a), lindo(a)
previous   anterior
price   precio (*m.*)
private   privado(a)
probably   probablemente
prosperous   próspero(a)
public   público(a)
pudding   budín (*m.*), pudín
purchase   compra (*f.*)
purse   bolsa (*f.*), cartera (*f.*)
put   poner, colocar
   —in a cast   enyesar
   —out a fire   apagar un incendio
   —to bed   acostar (o>ue)
pyorrhea   piorrea (*f.*)

Q

quality   calidad (*f.*)
quite   bastante

R

radiator   radiador (*m.*)
railroad   ferrocarril (*m.*)
   —station   estación de trenes (*f.*)
rain (*n.*)   lluvia (*f.*)
rain (*v.*)   llover (o>ue)
raise   levantar
rape   violación (*f.*)
rate   tarifa (*f.*)
raw   crudo(a)

razor   máquina de afeitar (*f.*)
   —blade   navajita (*f.*)
reaction   reacción (*f.*)
read   leer
ready   listo(a)
receive   recibir
receptionist   recepcionista (*m. & f.*)
recommend   recomendar (e>ie)
record   disco (*m.*)
   —player   tocadiscos (*m.*)
red   rojo(a)
   —wine   vino tinto
redheaded   pelirrojo(a)
refuse   rehusar
register (*for school*) (*v.*)   matricularse
register (*n.*)   registro (*m.*), libro de registro (*m.*)
registered   certificado(a)
registration   matrícula (*f.*)
relative   pariente (*m. & f.*)
remain   quedarse
remember   acordarse (o>ue) (de), recordar (o>ue)
rent   alquilar
repair   arreglar, reparar
   —shop   taller de mecánica (*m.*)
report (*a crime*)   denunciar
request   solicitar, pedir (e>i)
reservation   reservación (*f.*)
reserve   reservar
residential   residencial
rest (*v.*)   descansar
rest (*n.*)   resto (*m.*)
restaurant   restaurante (*m.*)
return   devolver (o>ue), regresar, volver (o>ue)
return (*n.*)   regreso (*m.*)
rice   arroz (*m.*)
ridiculous   ridículo(a)
right   correcto, verdad
   —away   en seguida
   —now   ahora mismo
ring   anillo (*m.*), sortija (*f.*)
rinse (out)   enjuagar(se)
roasted   asado(a)
rob   robar
robber   ladrón(ona) (*m. & f.*)
robbery   robo (*m.*)
robe   bata (*f.*)
roll   rollo (*m.*)
room   habitación (*f.*), cuarto (*m.*), sala (*f.*)
   —service   servicio de habitación (*m.*)

255

roommate campañero(a) de cuarto
rose rosa (*f.*)
round (*n.*) asalto (*m.*)
round (*adj.*) redondo(a)
round trip de ida y vuelta
rum ron (*m.*)
run correr
— **over** atropellar

S

safe-deposit box caja de seguridad (*f.*)
salad ensalada (*f.*)
salary sueldo (*m.*), salario (*m.*)
sale liquidación (*f.*), venta especial (*f.*)
salmon salmón (*m.*)
same mismo(a)
sandal sandalia (*f.*)
sandwich sándwich (*m.*)
sauce salsa (*f.*)
sausage salchicha (*f.*)
save ahorrar
savings account cuenta de ahorros (*f.*)
say decir (e⟩i)
— **farewell (to)** despedir (e⟩i), despedirse (de)
scales balanza (*f.*)
scar cicatriz (*f.*)
schedule itinerario (*m.*), horario (*m.*)
school escuela (*f.*)
scrambled revuelto
scream gritar
scrub fregar (e⟩ie)
sea mar
seafood pescados y mariscos (*m.*)
seasick mareado(a)
seasickness mareo (*m.*)
seat asiento (*m.*)
see ver
seem parecer
seldom rara vez, raras veces
select escoger, elegir (e⟩i)
sell vender
seller vendedor(a) (*m. & f.*)
semester semestre (*m.*)
send enviar, mandar
servant sirviente(a) (*m. & f.*)
serve servir (e⟩i)
service servicio (*m.*)
— **station** estación de servicio (*f.*), gasolinera (*f.*)
set peinado (*m.*); juego (*m.*)

set fire prender fuego
set of teeth dentadura (*f.*)
set the table poner la mesa
several varios(as)
Seville Sevilla
shampoo lavado (*m.*), champú (*m.*)
sharp (*time*) en punto
shave afeitar(se)
shaver máquina de afeitar (*f.*)
shaving cream crema de afeitar (*m.*)
sheet sábana (*f.*)
shine limpiar, lustrar
shirt camisa (*f.*)
shrimp camarones (*m.*)
shoe zapato (*m.*)
— **store** zapatería (*f.*)
shoeshine boy limpiabotas (*m.*)
shot inyección (*f.*)
show enseñar, mostrar (o⟩ue)
shower ducha (*f.*), aguacero (*m.*)
shower (*v.*) ducharse
short corto(a), bajo(a)
shorts (*underwear*) calzoncillos (*m.*)
shot inyección (*f.*)
si if, whether
sick enfermo(a)
sickness enfermedad (*f.*)
side lado (*m.*)
sideburn patilla (*f.*)
sidewalk acera (*f.*), vereda (*f.*), banqueta (*f.*)
sign firmar
signature firma (*f.*)
silver plata (*f.*)
since como, desde
single soltero(a)
sister hermana (*f.*)
sit sentar(se) (e⟩ie)
size talla (*f.*), medida (*f.*)
skate patinar
ski esquiar
skirt falda (*f.*)
sky cielo (*m.*)
sleep dormir (o⟩ue)
sleeper coche cama (*m.*)
sleeping bag bolsa ole dormir (*f.*)
slim delgado(a)
slow despacio
slowly despacio, lentamente
small chico(a), pequeño(a)
smoke fumar
snow nevar (e⟩ie)
so de modo que, así que, tan

so much tanto(a)
soap jabón (*m.*)
soccer fútbol (*m.*)
socks calcetines (*m.*)
soda pop gaseosa (*f.*), refresco (*m.*)
sodium bicarbonate biscarbonato de soda (*m.*)
sofa sofá (*m.*)
soft-boiled pasado por agua
somebody alguien
someone alguien
something algo
sometimes a veces
son hijo (*m.*)
soon pronto
sore dolorido(a)
— **throat** dolor de garganta (*m.*)
soup sopa (*f.*)
south sur (*m.*)
Spain España (*f.*)
Spanish español(a)
speak hablar
special especial
specialty especialidad (*f.*)
speed velocidad (*f.*)
— **limit** velocidad máxima (*f.*)
spend gastar
spinach espinaca (*f.*)
spit escupir
spoonful cucharada (*f.*)
sport deporte (*m.*)
squeeze apretar (e⟩ie)
stairs escaleras (*f.*)
stamp estampilla (*f.*), sello (*m.*), timbre (*m.*)
stand in line hacer cola
standard shift de cambios mecánicos
start (*a motor*) arrancar
starve morirse (o⟩ue) de hambre
station estación (*f.*)
— **wagon** camioneta (*f.*)
stay quedarse
— **in bed** (*sick*) guardar cama
steak biftec (*m.*), filete (*m.*)
steal robar
steering wheel volante (*m.*)
stew guisado (*m.*), guiso (*m.*)
stewardess azafata, auxiliar de vuelo
stick out one's tongue sacar la lengua
still todavía
stitch punto (*m.*)
stocking media (*f.*)

stomach   estómago (*m.*)
stop   parada (*f.*)
stop (*v.*)   parar
stop!   ¡alto!
   —sign   señal de parada (*f.*)
store   tienda (*f.*)
   —window   vidriera (*f.*)
stove   cocina (*f.*)
stranger   desconocido(a)
   (*m. & f.*)
strawberry   fresa (*f.*)
street   calle (*f.*)
student   estudiante (*m. & f.*)
study   estudiar
stuffed   relleno(a)
style   estilo (*m.*)
subway   subterráneo (*m.*),
   metro (*m.*)
such   tal
   —a   tan
suffer from   padecer de
sufficient   suficiente, bastante
sugar   azúcar (*m.*)
suggest   sugerir (e〉ie)
suit   traje (*m.*)
suitcase   maleta (*f.*), valija (*f.*)
sun   sol (*m.*)
sunglasses   anteojos (gafas,
   lentes, espejuelos) de sol (*m.*)
suntan lotion   bronceador (*m.*)
supermarket   supermercado (*m.*
superstitious   supersticioso(a)
supper   cena (*f.*)
suppose   suponer (*conj. like*
   poner)
sure   seguro(a)
surname   apellido (*m.*)
surrounded by   rodeado(a) (de)
suspect   sospechar
sweater   suéter (*m.*)
sweep   barrer
swim   nadar
   —meet   competencia de
   natación (*f.*)
swimming   natación (*f.*)
   —pool   piscina (*f.*), pileta de
   natación (*f.*)
symptom   síntoma (*m.*)
syrup   jarabe (*m.*)

T

table   mesa (*f.*)
take (*a bus, train, etc.*)   llevar,
   tomar
take a deep breath   respirar
   hondo

take an X-ray   hacer una
   radiografía
take away   llevarse
take care (of)   cuidar
take charge   encargarse (de)
take off   quitar(se)
take off (*a plane*)   despegar
take place   tener lugar
take out   sacar
talk   hablar, conversar
tank   tanque (*m.*)
tape recorder   grabadora (*f.*)
taste   probar (o〉ue)
tasty   sabroso(a), rico(a)
taxi   taxi (*m.*)
tea   té (*m.*)
teach   enseñar
teacher   maestro(a) (*m. & f.*),
   profesor(a) (*m. & f.*)
team   equipo (*m.*)
technician   técnico (*m.*)
telegraph office   oficina de telégrafos (*f.*)
telephone company   compañía
   de teléfonos (*f.*)
tell   decir (e〉i)
tent   tienda de campaña (*f.*)
tetanus   tétano (*m.*)
   —shot   inyección antitetánica
   (*f.*)
terrible   terrible
thanks   gracias
that   que
theater   teatro (*m.*)
then   entonces, luego, pues
there   allá, allí
thief   ladrón(ona) (*m. & f.*)
thin   delgado(a)
thing   cosa (*f.*)
think   pensar (e〉ie), creer
this way   así, por aquí
threaten   amenazar
throat   garganta (*f.*)
throw up   vomitar, arrojar
ticket   boleto (*m.*), pasaje (*m.*),
   billete (*m.*), multa (*f.*)
   —office   despacho de boletos
   (*m.*)
tie (*v.*)   empatar, amarrar
tie (*n.*)   corbata (*f.*)
time   tiempo (*m.*), época (*f.*)
   —certificate   a plazo fijo
timetable   itinerario (*m.*),
   horario (*m.*)
tip   propina (*f.*)
tire   goma (*f.*), llanta (*f.*)
tired   cansado(a)
toast (*n.*)   brindis (*m.*)

toast (*v.*)   tostar (o〉ue); brindar
   por
toaster   tostadora (*f.*)
today   hoy
toe   dedo del pie (*m.*)
together   junto, juntos(as)
toilet paper   papel higiénico
   (*m.*)
tomato   tomate (*m.*)
   —juice   jugo del tomate (*m.*)
   —sauce   salsa de tomate (*f.*)
tomorrow   mañana
tongue   lengua (*f.*)
tonight   esta noche
too   demasiado; también
tooth   diente (*m.*), muela (*f.*)
toothbrush   cepillo de dientes
   (*m.*)
toothpaste   pasta dentífrica (*f.*)
touch   tocar
tour   excursión (*f.*)
tourist   turista (*m. & f.*)
   —office   oficina de turismo
   (*f.*)
tow   remolcar
   —truck   grúa (*f.*), remolcador
   (*m.*)
toward   hacia
towel   toalla (*f.*)
traffic   tráfico (*m.*)
   —policeman (-woman)
   policía de tránsito (*m. & f.*)
   —signal   semáforo (*m.*)
train   tren (*m.*)
transformer   transformador (*m.*)
trash   busura (*f.*)
   —can   lata de basura (*f.*)
travel (*n.*)   viaje (*m.*)
travel (*v.*)   viajar
traveler's check   cheque de
   viajero (*m.*)
tray   bandeja (*f.*)
trim (*n.*)   recorte (*m.*)
trim (*v.*)   recortar
trip   viaje (*m.*)
trout   trucha (*f.*)
true   verdad, cierto, ver-
   dadero(a)
trunk (*of a car*)   maletero (*m.*)
   valijera (*f.*)
try   probar (o〉ue), tratar
   —on   probarse (o〉ue)
T-shirt   camiseta (*f.*)
turbulence   turbulencia (*f.*)
turkey   pavo (*m.*), guajolote (*m.*)
   (*Méx*)
turn (*n.*)   turno (*m.*)
turn (*v.*)   doblar

—off apagar

—up the volume subir el volumen

T.V. set televisor (*m.*)

type (*n.*) clase (*f.*), tipo (*m.*)

type (*v.*) escribir a máquina

twin beds camas chicas (*f.*)

twist torcer (o﹥ue)

U

ugly feo(a)

uncle tío (*m.*)

uncomfortable incómodo(a)

under debajo (de)

underdeveloped subdesarrollado(a)

understand comprender, entender (e﹥ie)

underwear ropa interior (*f.*)

undress desvestir(se) (e﹥i)

unfortunately desgraciadamente

until hasta, hasta que

up arriba

—here aquí (acá) arriba

upper berth litera alta (*f.*)

upstairs arriba

urgent urgente

use usar

V

vacant libre, vacante, desocupado(a)

vacate desocupar

vacuum pasar la aspiradora

—cleaner aspiradora (*f.*)

vanilla vainilla (*f.*)

vegetable verdura (*f.*)

vegetarian vegetariano(a) (*m. & f.*)

vermouth vermut (*m.*)

very muy

visa visa (*f.*)

visit visitar

voice voz (*f.*)

volume volumen (*m.*)

W

waist cintura (*f.*)

wait esperar

—on atender (e﹥ie)

waiter camarero (*m.*), mesero (*m.*), mozo (*m.*)

waiting-room sala de espera (*f.*)

waitress camarera (*f.*), mesera (*f.*)

wake despertar(se) (e﹥ie)

walk caminar, andar

wall pared (*f.*)

wallet billetera (*f.*)

want desear, querer (e﹥ie)

wash fregar (e﹥ie), lavar

washer lavadora (*f.*)

watch reloj (*m.*), reloj de pulsera (*m.*)

—one's figure cuidar la línea

water agua (*f.*)

watermelon sandía (*f.*), melón de agua (*m.*)

weak débil

weave (*a car*) zigzaguear, ir zigzagueando

wedding boda (*f.*)

week semana (*f.*)

weekend fin de semana (*m.*)

weigh pesar

weight peso (*m.*)

welcome bienvenido(a)

well bien, pues, bueno

—done bien cocido(a)

west oeste (*m.*)

wet mojado(a)

what? ¿que?

what's new? ¿qué hay de nuevo?

what lo que

which? ¿cuál(es)?

while mientras

white blanco(a)

why? ¿por qué?

wife esposa (*f.*)

wig peluca (*f.*)

win ganar

window ventana (*f.*), (*of a plane*) ventanilla (*f.*)

windshield parabrisas (*m.*)

—wiper limpiaparabrisas (*m.*)

wine vino (*m.*)

winter invierno (*m.*)

wish desear

within dentro

without sin

witness testigo (*m. & f.*)

woman mujer (*f.*)

word palabra (*f.*)

work (*v.*) trabajar, funcionar

work (*n.*) trabajo (*m.*)

world (*n.*) mundo (*m.*)

world (*adj.*) mundial

worry preocupar(se)

worse peor

wound herida (*f.*)

wrap envolver (o﹥ue)

write escribir

wrist muñeca (*f.*)

wristwatch reloj de pulsera (*m.*)

write down anotar

writing paper papel de carta (*m.*)

X

X-ray radiografía (*f.*)

—room sala de rayos X (equis) (*f.*)

Y

year año (*m.*)

yellow amarillo(a)

yesterday ayer

yield ceda el paso

yogurt yogur (*m.*)

young joven

—man joven (*m.*), muchacho (*m.*)

—pig lechón (*m.*)

—woman joven (*f.*), muchacha (*f.*)

younger menor

Answer key to the *Crucigramas*

Lessons 1–5 *Horizontal:* 2. revista, 4. gratis, 5. tarjeta, 7. oficina, 10. puesto, 11. avenida, 12. habitación, 14. madre, 16. servicio, 18. matrimonial, 21. guapo, 23. semana 24. todo, 25. puedo, 27. televisor, 28. vacaciones, 29. adelantado, 30. compañera. *Vertical:* 1. chico, 3. estacionamiento, 6. papá, 8. lejos, 9. derecha, 11. abrazo, 13. vista, 15. bonita, 17. barato, 19. llave, 20. pensión, 22. alberca, 25. periódico, 26. firmar.

Lessons 6–10 *Horizontal:* 3. durazno, 5. pasaporte, 6. mesa, 8. camisón, 10. cabeza, 11. ají, 12. aterrizar, 14. sandía, 16. fui, 17. documento, 19. aspiradora, 21. café, 23. afortunadamente, 24. bandeja, 25. chica, 27. ve, 28. toca, 29. moda, 30. jamón, 35. vuelta, 36. largo, 37. huevo 38. papa, 39. ganga, 42. espejo, 43. manzana, 45. importa, 46. mareado, 47. camarón. *Vertical:* 1. mantequilla, 2. matriculé, 3. docena, 4. perdón, 5. pasado, 7. barbería, 9. pasajero, 12. alquila, 13. amarillo, 15. dama, 18. chaqueta, 20. cabello, 21. cebolla, 22. entra, 23. azafata, 25. cepillarme, 26. falda, 31. nublado, 32. casado, 33. uvas, 34. queso, 36. lechuga, 37. hermoso, 40. fecha, 41. medida, 44. asiento.

Lessons 11–15 *Horizontal:* 3. película, 5. caballeros, 9. llenar, 10. prisa, 11. motor, 13. bolsa, 15. vuelta, 16. mismo, 19. higiénico, 21. tránsito, 25. anteojos, 26. chapa, 27. escalera, 28. elevador, 29. liquidación, 30. pelirrojo, 34. remolcador, 35. campaña, 36. testigo. *Vertical:* 1. miembro, 2. jarabe, 4. dolor, 6. extranjero, 7. señal, 8. repuesto, 12. goma, 14. sucio, 17. cepillo, 18. suelo, 20. carta, 22. semáforo, 23. manejar, 24. gasolinera, 30. pescado, 31. joven, 32. caña, 33. deporte.

Lessons 16–20 *Horizontal:* 1. muebles, 6. línea, 9. hamburguesa, 10. propina, 12. apago, 13. pavo, 16. consultorio, 17. mojado, 18. compañero, 20. maní, 21. mantel, 22. aquí, 24. piso, 26. bandeja, 29. mayonesa, 30. helado, 32. pintura, 33. anota, 34. mismo, 36. gelatina, 38. basura. *Vertical:* 1. matrícula, 2. fregadero, 3. talonario, 4. inyección, 5. desocupado, 7. ahorros, 11. radiografía, 14. sacudir, 15. botella, 19. operaron, 20. mesa, 23. único, 25. infectado, 27. divertida, 28. calmante, 29. mixta, 30. importa, 35. jarra.

4 5 6 7 8 9 0